Mobbing

Divulgación/Autoayuda

Últimos títulos publicados

187. A. Alterra - *El cuidador*
188. J. J. Drake - *Vivir más, trabajar menos*
189. H. Bruch - *La jaula dorada*
190. E. Lukas - *En la tristeza pervive el amor*
191. D. Tannen - *¡Lo digo por tu bien!*
192. M. Aftel - *Pequeña historia del perfume*
193. M. McCarthy Draper - *La naturaleza de la música*
194. S. A. Rusell - *Anatomía de una rosa*
195. J. K. Norem - *El poder positivo del pensamiento negativo*
196. E. Gracia Fuster - *Las víctimas invisibles de la violencia familiar*
197. M. Ros - *La rebelión insuficiente*
198. I. Amigo - *La delgadez imposible*
199. G. NiCarthy - *Libérate*
200. E. Sullivan - *El pequeño gran libro de la mentira*
201. L. A. Horvitz - *¡Eureka!*
202. M. Haddou - *¡Basta de agobios!*
203. B. O'Hanlon - *Pequeños grandes cambios*
204. L. Glass - *Sé lo que estás pensando*
205. D. Perkins - *La bañera de Arquímedes y otras historias del descubrimiento científico*
206. S. Budiansky - *La naturaleza de los gatos*
207. A. M. Fletcher - *Cómo dejar el alcohol*
208. T. Ronen y Ayelet - *Luchar contra la anorexia*
209. W. J. Howard - *Matemáticas sencillas*
210. S. Nolen-Hoeksema - *Mujeres que piensan demasiado*
211. E. Lukas - *Equilibrio y curación a través de la logoterapia*
212. A. Berger y A. Ketterer - *¿Por qué limitarse a soñar? Lo que las mujeres quieren saber realmente sobre el sexo*
213. R. Brooks y S. Goldstein - *El poder de la resiliencia*
214. A. N. Crocco - *La dieta de Alicia Crocco*
215. M. Sebastiani y M. R. M. Testa - *Claroscuros del embarazo, parto y el puerperio*
216. D. J. Miklowitz - *El trastorno bipolar*
217. E. Czernikowski - *El amor, el humor y el dolor*
218. C. Coria y otras - *Los cambios en la vida de las mujeres*
219. E. Lukas - *Libertad e identidad. Logoterapia y problemas de adicción*
220. Ph. Brenot - *El sexo y el amor*
221. M.-F. Cyr - *¿Verdad o mentira?*
222. Ch. C. Manz - *Disciplina emocional*
223. P. Race - *Cómo estudiar*
224. B. O'Hanlon - *Crecer a partir de las crisis*
225. R. Cava - *Cómo tratar con personas difíciles*
227. C. Poch - *Catorce cartas a la muerte (sin respuesta)*
228. E. M. Hetherington y J. Kelly - *En lo bueno y en lo malo: la experiencia del divorcio*
231. M. Bosqued - *Mobbing*

Marisa Bosqued Lorente

Mobbing

Cómo prevenir y superar
el acoso psicológico

PAIDÓS
Barcelona
Buenos Aires
México

Cubierta de M.ª José del Rey

Quedan rigurosamente prohibidas, sin la autorización escrita de los titulares del *copyright*, bajo las sanciones establecidas en las leyes, la reproducción total o parcial de esta obra por cualquier método o procedimiento, comprendidos la reprografía y el tratamiento informático, y la distribución de ejemplares de ella mediante alquiler o préstamo públicos.

© 2005 de todas las ediciones en castellano,
 Ediciones Paidós Ibérica, S.A.,
 Mariano Cubí, 92 - 08021 Barcelona
 http://www.paidos.com

ISBN: 84-493-1838-6
Depósito legal: B. 48.959/2005

Impreso en Novagràfik, S.L.
Vivaldi, 5 - 08110 Montcada i Reixac (Barcelona)

Impreso en España - Printed in Spain

Sin trabajo, toda vida es mala. Pero cuando el trabajo es ruin, la vida se endurece y se marchita.

ALBERT CAMUS

Obra sólo según una máxima tal que puedas querer al mismo tiempo que se torne ley universal.

IMMANUEL KANT

Sumario

Prólogo 13

1. **El *mobbing*: psicoterror laboral** 17
   El *mobbing* en la práctica 17
   ¿Qué es el *mobbing*? 24
   ¿Qué no es el *mobbing*, aunque también afecte negativamente a la salud? 28
   Si estás acosado en tu trabajo, no estás sólo: lo que nos dicen las estadísticas 35
   ¿Cómo se lleva a cabo el juego sucio? 37
   Los actores del *mobbing* 43
   ¿Quién lo ejecuta? Los distintos tipos de *mobbing* en función de ello 46
   ¿Por qué y cuándo se ejecuta el *mobbing*? 48
   El *mobbing* como proceso: sus fases 52
   El perfil del acosador 57
   ¿Estás entre el desafortunado club de los posibles candidatos a sufrir *mobbing*? 62
   Factores que predisponen para ser elegidos como víctima: el perfil de la víctima 66
   Para saber si lo que te pasa es *mobbing* 70

Los efectos del *mobbing* en la víctima 77
Los efectos del *mobbing* en el acosador 85
¿Hay factores de empresa que favorecen el *mobbing*? . 86
Las repercusiones del *mobbing* en el grupo y en la organización 88
¿Se produce el *mobbing* únicamente en el ámbito laboral? 90
   Acoso escolar 91
   Mobbing inmobiliario 95
Unas palabras para el acosador 98

2. Cómo obrar ante el *mobbing* 101
A quién acudir 101
El *mobbing* y el marco legal 103
En lo que un psicólogo puede ayudar a la víctima . . 111

3. Prevención del *mobbing* 115
¿Qué puede hacer la víctima? Cómo defenderse del acoso en sus inicios 115
¿Qué deben hacer los compañeros? 119
¿Qué deben hacer los jefes? 121
¿Qué puede hacer la empresa? 125
¿Qué pueden hacer los poderes públicos? 128

4. Superando el *mobbing* 133
Unas palabras iniciales 133
Toma de conciencia: estás siendo acosado 138
Desculpabilización 148
Cambio de perspectiva 153
Romper el aislamiento social y buscar apoyos 154
Modifica tu comportamiento ante el acosador 161
Manejar más adecuadamente el estrés 165

Ser más asertivo 166
La importancia de la denuncia 169
La ayuda del entorno familiar 175
El apartamento temporal del trabajo 177
Las asociaciones de autoayuda 180
¿Es posible un final feliz? 181

Apéndices
   Apéndice 1: Dónde puedes conseguir ayuda 187
   Apéndice 2: Legislación laboral y documentos sobre el tema 199

Lecturas recomendadas y filmografía 203

Prólogo

El *mobbing* parece haberse convertido en una lacra que cada vez afecta a un mayor número de trabajadores, amenazando con convertirse en la epidemia del siglo XXI, lo que plantea un nuevo desafío a la sociedad en su conjunto. Sin embargo, no es una situación que se haya comenzado a producir ahora, sino que seguramente es tan antigua como lo es el mismo ámbito laboral. Como dice Mª Teresa Escribano, «no es un fenómeno de ahora y, por lo tanto, no estamos ante un fenómeno nuevo, sino ante una concienciación nueva del fenómeno». Sí puede decirse, no obstante, que durante los últimos años se ha producido un significativo aumento de las situaciones de violencia psicológica en el entorno laboral. Quizás en alguna medida se deba a que se tiene una mayor conciencia entre la población, y eso ha hecho que salgan a la luz problemas y situaciones que antes permanecían callados e ignorados. Pero también es cierto que, de manera paralela, se ha producido un aumento cuantitativo de los casos producidos. No es objetivo de este libro analizar por qué, aunque sí podemos aventurar, sin demasiado riesgo a equivocarnos, que ese incremento no es sino un reflejo de determinadas características cambiantes en nuestra sociedad actual, como puede ser la generalizada escalada de violencia. Y de ahí procede la situación de que el hostigamiento no se limite al ámbito laboral, sino que se produzca también en otros entornos, como es el caso del *bullying* o acoso escolar y lo que se ha dado en denominar «*mobbing* inmobiliario». Ante este panorama, sólo cabe reflexionar tristemente acerca de a cuántos más sectores se extenderá este brutal fenómeno.

Cuando estamos hablando de *mobbing*, estamos haciendo alusión a una cuestión de violencia que afecta no sólo al trabajador acosado y a su familia, sino a todo el grupo social, a la organización empresarial en su conjunto y a la sociedad en general. Y por eso puede decirse que el *mobbing* nos afecta a todos y cada uno de nosotros. Por ello, su erradicación es también tarea de todos. La respuesta a este fenómeno no debe ser la ley del silencio, sino que cada persona le haga frente en la medida de sus posibilidades. Porque no hacerlo así es colaborar, aunque sea por omisión, a que estos comportamientos tan atentatorios contra la dignidad humana sigan produciéndose.

Si nos centramos en las personas afectadas por *mobbing*, vemos que están, además de denigradas, humilladas y destrozadas por el acoso, desorientadas y sin saber qué hacer, haciéndose mil preguntas que, afortunadamente, van encontrando respuesta a raíz de la publicación en nuestro país de algunas obras sobre el tema y de la creación de asociaciones y grupos de autoayuda que prestan su apoyo a las víctimas y sus familiares.

Este libro pretende ser una ayuda para todos ellos, así como para sus familiares y amigos, aunque desde luego sin el propósito de sustituir a la ayuda profesional, que tan necesaria resulta en muchas de estas situaciones, al menos en las más graves. En este último caso, nuestra pretensión es que pueda servir de coayuda junto con la terapia seguida.

También se plantea alcanzar otro objetivo, que no es otro sino el de sumar una más al creciente número de voces que están alertando a la sociedad sobre la importancia de tomar medidas para erradicar de una vez por todas esta lacra social, y hacer una llamada a la propia sociedad para que preste su solidaridad a todos los afectados por este grave problema. Sencillamente, porque todos nos merecemos vivir con justicia, dignidad e integridad moral, entendida ésta tal y como la define la abogada Mª José Blanco Barea, es decir, «el derecho a la identidad individual, a la autoestima, al equilibrio bio-psico-social de cada ser humano en atención a sus propias circunstancias, es el derecho a vivir como ser humano. La integridad moral es lo que da sentido al derecho a la vida de cada individuo. El ser humano tiene derecho a una vida digna, que implica ser respetado como un ser vivo de la especie humana. Tiene derecho a su incolumidad física y psíquica».

Esperamos de todo corazón que se cubran estos deseos, pero tan cierto como eso resulta que nada nos agradaría más que el que este libro dejara de ser necesario en un futuro próximo, en un mundo en el que el acoso psicológico esté erradicado definitivamente.

1

El *mobbing*: psicoterror laboral

El *mobbing* en la práctica

Primer caso

Juan tiene 34 años, es licenciado en Ciencias Exactas y trabaja desde hace siete años en una empresa de informática que diseña *software* para otras instituciones.

Es una persona soltera, con un buen nivel intelectual, una elevada capacidad para relacionarse con los demás, atractivo físicamente y con una vida personal rica en la que destacan fundamentalmente sus numerosas amistades, con las que sale con frecuencia, y variadas inquietudes culturales y deportivas: música, cine, literatura, viajes, esquí, montañismo, gimnasia, etc., a las que dedica buena parte de su tiempo libre.

Cuando acude a la consulta del psicólogo, explica que desde hace unos ocho meses padece una creciente ansiedad e irritabilidad; molestias gástricas (sobre las que se han realizado las pertinentes pruebas médicas con resultado negativo y, a consecuencia de las cuales, tuvo que estar de baja laboral durante un período de dos semanas); cansancio e insomnio, manifestándose este último tanto en dificultades para conciliar el sueño como en un despertar precoz, tras el cual no puede volver a dormir pensando en lo cercana que está la vuelta al trabajo; todo ello viene acompañado de desgana y desmotivación hacia su actual empleo.

A las preguntas del psicólogo sobre la circunstancia de si había una relación entre la aparición de los síntomas y algún acontecimiento o cambio en su vida, manifestó que «tengo una situación difícil en el trabajo y creo que van a acabar echándome. Además, no es fácil en este momento encontrar trabajo en esta profesión, está el mercado un poco parado y también saturado». Indagando algo más sobre su situación laboral, quedó establecido que el estado de cosas comenzó a cambiar en su entorno laboral cuando decidió, hace aproximadamente unos diez meses, denunciar dentro de la empresa el hecho de que se fumara en ella fuera de los lugares habilitados para ello (Juan tiene un problema de irritación en las vías respiratorias, debido al humo del tabaco, que está médicamente documentado). Sus superiores le presionaron ligeramente para que abandonara el tema, pero él no lo hizo así y prosiguió en su lucha.

A raíz de ello, comenzaron a producirse una serie de cambios en la actitud de diferentes estamentos de la empresa con respecto a él:

- Se le empezó a reprochar que no hiciera horas extras como hacían la mayoría de sus compañeros, y no sólo desde la jefatura, sino también por parte de sus propios compañeros.
- Por primera vez desde que trabajaba allí, su actuación profesional se calificó como «negativa» en una de las evaluaciones que periódicamente realiza la empresa.
- Su jefe inmediato, que tanto había alabado antes su trabajo, empezó a decirle repetidamente y como en un disco

rayado: «Es una lástima, pero no encajas en el espíritu de la empresa».

- Los compañeros comenzaron a comunicarse con él cada vez menos. Uno de aquellos con los que tenía más confianza le comentó en el ascensor, estando ambos a solas: «Mira, lo siento, pero resulta que no está bien visto por parte de los jefes que se hable contigo».
- Se le quitó el cliente más importante que él llevaba (cuando a Juan le constaba que éste estaba satisfecho con su trabajo), que fue asignado a otro de sus compañeros.
- Otro cliente le comentó que había llamado en repetidas ocasiones preguntando por él y en todas ellas le habían comunicado que no se encontraba en el trabajo. A Juan, en cambio, no le habían pasado recado de ninguna de estas llamadas, con lo que no pudo devolverlas.
- Se le interrumpe en las reuniones de trabajo en cuanto comienza a exponer una idea.
- En bastantes ocasiones en que ha solicitado hablar con su superior, éste no le ha recibido alegando diferentes motivos.
- Algunos compañeros le imitan diciendo «no fuméis, por favor» con ademanes que indican un claro ánimo de ridiculizarle.
- Empezó a comentarse en la oficina lo «*extraño*» de la circunstancia de que no se le conociera a Juan ninguna novia en todo el tiempo que llevaba trabajando en la empresa. Algún compañero empleó la palabra «homosexual», sin utilizarla precisamente en tono de normalidad, para referirse a él.
- No se le invitó a la cena que todos los años celebran los compañeros en los días previos a Navidad y a la que él siempre había asistido.

Inmediatamente se le explicó que estaba siendo víctima de una situación de *mobbing* o acoso laboral y que, con toda probabilidad, a ello se debía el origen de sus síntomas. Curiosamente, y a pesar de la gran difusión que el tema ha tenido en los últimos tiempos, se quedó muy sorprendido e incluso le costó aceptarlo. Había oído hablar de ello, pero ni por asomo se le había ocurrido pensar que eso estuviera sucediéndole a él.

Segundo caso

Berta lleva diez años trabajando en la misma empresa, una entidad bancaria importante, en la que estaba a gusto en términos generales. Hace aproximadamente un año y medio, su jefe inmediato se prejubiló, y fue sustituido por una persona de nueva incorporación al banco, Juan Carlos. Éste tiene una edad muy similar a Berta (38 años, mientras que Berta tiene 36), su misma titulación académica (licenciados ambos en Ciencias Económicas) y carece de la amplia experiencia que Berta tiene acerca del funcionamiento del banco. Al poco de iniciarse su relación profesional, Berta empezó a tener la impresión de que algunas situaciones hacían que Juan Carlos se sintiera un tanto incómodo. Por ejemplo, cuando algunos compañeros de su mismo departamento o de otra sección iban a realizar alguna consulta a Berta o cuando ésta expresaba alguna opinión o sugerencia en las reuniones de equipo que era bien acogida por sus superiores. En una ocasión, Juan Carlos le dijo tras una de estas reuniones: «¡Más valdría que te callaras porque, al fin y al cabo, aquí no eres más que una subordinada por más que seas licenciada!», pero Berta decidió no darle mayor importancia al asunto e incluso se olvidó del incidente hasta que los hechos posteriores se lo volvieron a traer a la memoria.

Poco tiempo después, Berta quedó embarazada y Juan Carlos empezó a retirarle algunas de sus funciones, que eran asumidas por él mismo bajo el pretexto de «es mejor así, esto a ti te cuesta bastante tiempo y yo lo hago mucho más rápido; además, dentro de nada no estarás aquí por la baja maternal». Esta actitud molestó a Berta, pero decidió no decir nada.

Algo más tarde, su embarazo se complicó y tuvo que estar de baja laboral durante un período de unos tres meses y medio. Según ella misma relata, «cuando volví de la baja, ya nada fue igual para mí». Su mesa había sido trasladada a un rincón contra la pared en el que prácticamente quedaba aislada de todos los demás; sus funciones habían sido muy disminuidas, quedando reducidas a las más burocráticas y de menor responsabilidad; sus compañeros ya no le hacían consultas e incluso apenas le dirigían la palabra; no se le informaba de la convocatoria de algunas reuniones; en las ocasiones en las que asistía, era interrumpida por Juan Carlos en cuanto tomaba la palabra, algunas veces de malos modos e incluso de manera humillante; finalmente, una compañera con la que tenía bastante confianza le dijo que, durante su período de baja laboral, se había rumoreado que «le estaba echando mucho cuento». Tras el parto y la correspondiente baja maternal, Berta volvió a incorporarse a su trabajo, pero la situación seguía igual o peor que cuando lo había dejado. Ella entonces decidió comentar los hechos con su jefe, quien no la recibió y le dio largas argumentando «estoy muy ocupado, ya veremos cuándo puedo recibirte», momento que no llegaba nunca.

Los síntomas de Berta, que habían comenzado ya en el último período de su embarazo, se agudizaron: ansiedad; insomnio inicial y final; desmotivación con respecto al trabajo, con una sensación de falta de aire cuando se dirigía hacia él; cansancio y fatiga que no llegaban a desaparecer totalmente con el descanso; accesos de llanto; sensación de no servir ya para desempeñar ese puesto de trabajo. Su marido la convenció de que acudiera a su médico de atención primaria, quien la envió al Centro de Salud Mental correspondiente, donde comenzó su lento proceso de recuperación.

Tercer caso

Mª José tiene 32 años, convive con su novio desde hace dos y trabaja en los últimos cinco años desarrollando su labor profesional como administrativa en una empresa de transporte de tamaño medio, de la que son dueños dos socios, hermanos entre sí.

Anteriormente, en la empresa ya había habido otros trabajadores que llevaban muy poco tiempo trabajando en ella y con contrato temporal y a los que habían «hecho la vida imposible», hasta acabar la situación en despido o cese voluntario.

El malestar empezó para Mª José al poco tiempo de comenzar a trabajar en la empresa la hija de uno de los dueños, Julia, a la que en un primer momento tuvo que enseñarle el funcionamiento de las tareas administrativas del negocio. Al principio, fueron pequeñas cosas, como asignar a ésta algunas tareas que hasta ahora habían sido función suya («esto es mejor que lo haga Julia, ella está muy preparada», le decía el jefe y padre de Julia), lo cual fue cada vez a más, hasta el punto de que, al cabo de unos cuatro meses, Mª José no tenía nada que hacer durante una buena parte de la jornada laboral. A partir de ahí, comenzó su verdadero infierno: tanto Julia como su padre le lanzaban a distancia y a primera hora de la mañana un único papel, en el que estaba detallado su trabajo para toda la jornada; vigilaban lo que hacía, reprochándole que «te has vuelto vaga» y «no nos resultas rentable para nada»; escuchaban lo que hablaba al teléfono para ver si era una llamada personal, en cuyo caso le decían que «aquí se viene a trabajar y no a cotillear con las amigas»; todos los días desaparecían de su mesa los bolígrafos, lapiceros y rotuladores; ridiculizaban su forma de vestir y el hecho de que hubiera nacido y se hubiera criado en un pueblo; criticaban su ideología política y creencias religiosas; la interrumpían cuando comenzaba a exponer algo, diciéndole «Tú no puedes pensar»; le decían las cosas a gritos; le daban órdenes que eran contradichas un momento después; la insultaban y la amenazaban con ponerla en una mesa contra la pared, como ya hicieran anteriormente con otro trabajador, lo cual aterrorizaba a Mª José, una persona extrovertida que necesita del calor del contacto personal y que, además, ahora veía cómo sus compañeros cada vez le dirigían menos la palabra, hasta el punto de que caminaba por la oficina como si fuera la «mujer invisible», como muy expresivamente explica ella misma.

Ante esta situación, Mª José duerme mal, está siempre agotada, no tiene ganas de hacer nada, ni siquiera sale en su tiempo libre con su novio y amigos, se le hace un nudo en el estómago cuando cada mañana tiene que acudir a su trabajo y durante la jornada laboral más de una vez ha tenido que encerrarse en el lavabo «para echarse un lloro». Finalmente, y aconsejada por su pareja, se decide a hablar con el otro socio de la empresa, en quien no ha observado ningún cambio de comportamiento hacia ella. Éste la escucha y, en principio, parece que empatiza con ella, pero finalmente le contesta que ésta es una cuestión que habrá de solucionar con Julia y su padre, que él no debe meterse en ello. Pocos días después, siente que no puede más y coge la baja durante tres semanas.

Casualidad o no, lo cierto es que, en los últimos dos meses, desde esta conversación y su baja laboral, la situación ha empeorado, pues a los actos de acoso que venían sucediéndose se suma ahora un descuento en la nómina de unos 120 euros, aproximadamente una sexta parte de su salario, además de recibir llamadas desconsideradas de su jefe en su domicilio (hasta once contabilizadas en un solo día). Ésta es la gota que colma el vaso, y Mª José acude al delegado sindical, quien le dice que se ocupará del asunto, pero el tiempo pasa sin que, al parecer, emprenda ninguna acción y ella no observa ningún cambio positivo en su situación, mientras que, por el contrario, se encuentra cada vez más minada tanto física como psicológicamente. Acude nuevamente a su médico de familia, quien le receta unos ansiolíticos y le da la baja nuevamente. Al cabo de mes y medio y en vista de que continúa sin sentirse capaz de volver al trabajo, la remite a Salud Mental, no sin antes decirle que «a ver cuándo coges el alta, porque esta situación no puede prolongarse mucho más», lo que literalmente aterroriza a Mª José, que se ve incapaz de enfrentarse a su actual situación laboral y a sus acosadores.

Al verse lejos de la situación y comenzar un tratamiento psicológico, experimenta una ligera mejoría, al menos lo suficiente como para ponerse en contacto con un abogado laboralista con el objetivo de reclamar la parte de su nómina no cobrada. Espera obtener también con ello una extinción del contrato laboral basándose en el artículo 50 del Estatuto de los Trabajadores, aunque sin entrar en los actos de acoso psicológico de que ha sido víctima, que no quiere denunciar, puesto que, como ella dice, «no confío en el sistema, ya he visto demasiado cómo todos me han dejado sola».

¿Qué es el *mobbing*?

El término inglés *mobbing* es el gerundio del verbo *to mob*, que literalmente significa «atacar», por lo que podríamos traducirlo como «atacando» o, en una traducción más libre, como «ataque». Últimamente parece que se ha puesto «de moda» y no solamente en los medios profesionales, sino en la calle, donde periódicamente aparecen noticias referentes a él en cualquiera de los medios de comunicación: prensa, radio, TV, etc. Como todo aquello de lo que se hacen eco estos medios de tan gran alcance y difusión, esta circunstancia conlleva sus ventajas y sus desventajas. Con respecto a las primeras, está el hecho incuestionable de que el *mobbing*, un fenómeno apenas conocido en nuestro país hace unos pocos años, se «ha dado a conocer», y ello no deja de ser beneficioso, puesto que ha significado que las víctimas han podido poner un nombre a lo que les ocurre, ya no tienen que sufrir en silencio y en algunos casos eso ha permitido que ya no experimenten tanta vergüenza y culpabilidad por lo que les ocurre. Además, y al haberse popularizado el fenómeno, se han creado un significativo número de asociaciones en las que se proporciona información, asesoramiento y ayuda a las víctimas de acoso laboral, además de colaborar en la difusión del *mobbing* y en la lucha contra él.

Pero junto a estos loables logros, tenemos también la otra cara de la moneda. Como la mayoría de las veces que se populariza algo y se pone «en el candelero», este hecho hace que aparezcan una serie de personas que piensan que lo sufren cuando no es realmente así. Un fenómeno parecido ocurrió hace unos años con la anorexia. Por eso, por la amplia difusión que ha tenido el fenómeno, es por lo que cada vez se presentan con mayor frecuencia en la consulta de los Centros de Salud Mental personas que dicen ser acosadas en el trabajo. Las más de las veces es efectivamente así, y sus casos son dramáticos, pero en otros casos se trata de situaciones vividas como injusticia y como acoso desde la propia subjetividad, y no en la realidad. Precisamente por esta situación, que se está produciendo en el día a día no sólo de las consultas psicológicas, sino también de muchas empresas, pienso que la necesidad prioritaria respecto a esta cuestión estriba, en primer lugar, en diferenciar el *mobbing* de lo que no lo es. Todos sabemos que sólo un buen diagnóstico permite un adecuado tratamiento, y de ahí la importancia de «empezar por el principio», valga la expresión.

Al *mobbing* también se le ha denominado acoso psicológico o moral en el trabajo, *bullying* (en el Reino Unido), psicoterror laboral, *harassment* (en Estados Unidos), aunque en nuestro país el término que ha hecho fortuna es el de *mobbing*, hasta el punto de que no falta quien ya conjuga el verbo «mobear». En cualquier caso, y cualquiera que sea la palabra que utilicemos para nombrarlo, lo podemos definir, haciendo una recopilación de la definición proporcionada por los principales estudiosos del tema (Leymann, Hirigoyen, Ege, Piñuel, González de Rivera, Zuschlag, etc.), de la siguiente manera:

- *Unos actos (acciones, palabras, miradas, lenguaje corporal, etc.) que se producen por parte del acosador o acosadores de manera intencionada y con el objetivo de humillar y destrozar psicológicamente a la persona elegida como víctima.*

  ¿Os acordáis de Juan y los compañeros que apenas le hablaban cuando no mucho antes mantenía con ellos unas relaciones que podrían calificarse de cordiales? ¿Cómo decían a los clientes que llamaban que no se encontraba en el trabajo cuando sí estaba allí y cómo a él no le pasaban el recado de esas llamadas? ¿Cómo su jefe le recalcaba a la menor ocasión «no encajas en el espíritu de la empresa»? ¿Cómo algunos compañeros le ridiculizaban? ¿Hemos de considerar todos estos comportamientos —y la actitud que existe tras ellos— como casuales o como intencionados y premeditados?

- *La situación creada mediante esos hechos tiene como último objetivo que la víctima sea eliminada de la organización o, cuando ello no es posible, aislarla y marginarla en el seno de la misma.*

  Dedica unos minutos a hacer el siguiente ejercicio de imaginación, empatía y posterior reflexión:

  Imagínate que tú eres Juan, Berta o Mª José y que te están ocurriendo en el trabajo las mismas situaciones que a ellos. ¿Cómo te sentirías? ¿Qué pasaría por tu cabeza? ¿Cómo acudirías cada día al trabajo? ¿Cómo afectaría todo eso a tu vida fuera del trabajo? ¿No da toda la impresión, en cada uno de los tres casos, de un plan urdido para desmolarizarlos, destrozarlos y que acaben, en consecuencia, por marcharse de la empresa voluntariamente, lo que resulta mucho más barato que el despido?

- *Las acciones, palabras, actitudes, etc., que son constitutivas de acoso se producen de manera constante y repetitiva (en opinión de Leymann, al menos una vez a la semana) y durante un período prolongado de tiempo (al menos, durante seis meses), sin que pueda considerarse que existe un* mobbing *cuando estos hechos se producen de forma aislada. Sólo cuando se realizan de manera sistemática y repetida pueden tener tal consideración y ser entendidos como parte de un plan de agresión psicológica.*

  Lo que se le hacía a Juan, a Berta o a Mª José en sus trabajos no son incidentes aislados ni casuales, sino parte de un plan de persecución, vejación y aislamiento con el propósito de hundirlos psicológicamente.

¿Qué no es el *mobbing*, aunque también afecte negativamente a la salud?

Hay una serie de situaciones que últimamente son tomadas por *mobbing* por algunas personas, quizás en parte debido a la enorme difusión que ha tenido este fenómeno, lo que hace que «se le esté viendo en todas partes». Por eso parece necesario que se distinga con claridad qué es y qué no es *mobbing*, lo que vamos a procurar hacer a continuación.

En términos generales, se puede decir que no es *mobbing* cualquier incidente puntual. Ya hemos visto cómo lo característico del acoso psicológico es precisamente su intencionalidad y la repetición constante en el tiempo de determinados actos. Todo aquello que no cumpla estos dos criterios puede resultar desagradable y producir estrés en el trabajador, pero *no es acoso psicológico en el trabajo*. Es importante remarcar al respecto que aquí es perfectamente aplicable el refrán de «una golondrina no hace verano». Un solo hecho, aun cuando suponga un ataque a la persona, no constituye acoso. Lo que cuenta es la repetición porque es precisamente el efecto acumulativo de los microtraumas frecuentes y reiterados lo que produce el efecto de hundimiento en la víctima. De una agresión aislada te puedes recuperar emocionalmente en un período de tiempo más o menos breve —siempre en proporción a la intensidad e importancia del hecho—, pero no sucede así cuando se están produciendo estos hechos constantemente, porque de esta manera, cuando aún no te has recobrado de un golpe o estás a punto de conseguirlo, te llega el siguiente.

En este sentido, podemos poner, a modo de ejemplo de lo que no es acoso, situaciones como las siguientes:

No es mobbing:

- Que el jefe te eche la bronca, aunque sea de malos modos. Es un acontecimiento puntual y las más de las veces producto de un impulso, no de un plan para buscar tu humillación de manera intencionada y premeditada.
- Discutir con el jefe o con un compañero o subordinado o cualquier otro tipo de enfrentamiento personal, antipatías o diferencias de opinión. En este tipo de conflictos, las cosas suelen hablarse claramente, cada uno establece abiertamente su postura, da motivos y razones para defenderla y existe, al menos en principio y teóricamente, un deseo de resolver el conflicto. Como dice la psiquiatra Hirigoyen, «el acoso moral no se establece en una relación simétrica como el conflicto, sino en una relación dominante-dominado, en la que el que controla el juego intenta someter al otro y hacerle perder su identidad». Sí hay que reconocer, no obstante, que un enfrentamiento o un conflicto mal resuelto puede dar lugar, en ocasiones, a que comience una situación de *mobbing*.
- Estar estresado en el trabajo, ya sea por exceso de tareas, por el mal ambiente reinante o por unas condiciones laborales deficientes o insatisfactorias. Qué duda cabe de que el *mobbing* comporta estrés, y muy fuerte, pero a la vez es mucho más que el estrés originado por las causas anteriormente mencionadas. El *mobbing* es humillación y maltrato intencionados con el objetivo de destruir y/o eliminar al trabajador, algo que no sucede en el caso del estrés laboral. No obstante, aunque ni el exceso de trabajo ni unas malas condiciones laborales constituyan por sí mismas acoso laboral, sí forman parte del mismo, junto

con otras acciones. ¿Qué criterio podemos seguir para establecer la diferencia? Si esas cuestiones te afectan no sólo a ti, sino también al resto de los trabajadores, no van acompañadas de otras actuaciones que tengan como objetivo agredirte y no parecen responder a ninguna intencionalidad, no se trata de *mobbing*.

- Que te trasladen, cuando esto está justificado y entra dentro de la lógica de la empresa, aun cuando eso te suponga una incomodidad o un quebranto.
- Que critiquen tu forma de hacer las cosas, siempre que esa crítica sea constructiva, no sea repetitiva ni humillante, y tenga su justificación.
- Las posturas de victimismo porque otros compañeros ascienden en la empresa o les aumentan el sueldo y a ti no.
- El mal ambiente de trabajo, con chismes que van y vienen, aunque sí es cierto que un clima así favorece que en su interior lleguen a producirse situaciones de acoso laboral.
- El acoso sexual y la violencia física en el trabajo, aunque ambas sean a la vez algunas de las acciones de que se vale el acosador para humillar a su víctima. Evidentemente, se trata de problemas muy graves y con terribles repercusiones para la persona que es objeto de ellos, e incluso con algunas similitudes con el acoso psicológico, pero son conflictos distintos que no deben confundirse con el *mobbing* para no desvirtuar unos y otro.

Una situación particular que linda con el acoso, pero sin llegar a serlo estrictamente hablando, es lo que podríamos denominar como «acoso *light*» o «acoso blando». Se trata de un hostigamiento psicológico que no pasa de las primeras fases, sin llegar a producirse las etapas más avanzadas, que son también las más destructivas para el sujeto señalado. Es un «sí, pero no», porque las acciones dirigidas contra uno, o más comúnmente contra varios de los trabajadores, son menos frecuentes que en un acoso verdadero, más sutiles, menos agresivas, amenazantes y humillantes para el individuo y, en consecuencia, sus secuelas son bastante menos graves que en el *mobbing* puro y duro. Se puede decir que es un tipo de acoso por omisión, que se produce de manera pasiva y, en consecuencia, deja todavía menos señales que el *mobbing* más activo y agresivo, el de las amenazas, humillaciones verbales, etc. No obstante, hay dos factores que lo convierten en algo claramente peligroso para el individuo que es objeto de este «acoso *light*»:

- *Su duración en el tiempo*. Es una situación que puede perdurar durante largas temporadas, a veces toda la vida laboral. Como incordia, pero no demasiado, la persona semiacosada no llega a «explotar» ni a denunciar, limitándose a aguantar, a capear el temporal como puede y, en el mejor de los casos, a elaborar sus propias estrategias de afrontamiento que le permitan llevarlo de la mejor manera posible.
- *La aparente falta de motivo para que el señalado se queje y, menos aún, para que denuncie el problema*. Aquí las cosas no están lo suficientemente claras y todo es «semi»: te están «semiacosando», eres «semichivo expiatorio», «semidespreciado», desprestigiado a medias. Todo discurre en un aparente ambiente de normalidad (¿podríamos decir también de «seminormalidad»?), lo que hace prácticamente imposible acudir a un superior a exponerle el asunto y que aquél lo entienda y lo vea como es, aunque ponga buena voluntad en ello.

Estos dos factores producen en el sujeto semiacosado una clara sensación de impotencia y frustración, de malestar psicológico surgido del y en el ámbito laboral. De ahí que sólo las personas mejor dotadas psicológicamente, es decir, aquellas con más y mejor capacidad para afrontar el estrés que les genera la situación; las que no están solas en su semiacoso y pueden apoyarse en sus compañeros; las que tienen fuera de su horario laboral una vida más o menos satisfactoria y plena; y aquellas a quienes el contenido del trabajo, la satisfacción, autorrealización y remuneración que obtienen a través de él les resulta suficiente, consiguen salir con un daño minimizado, es decir, sin mayores repercusiones para su salud física, mental y social que las propias de un estrés laboral no demasiado fuerte y más o menos llevadero.

El caldo de cultivo en el que suele prosperar este acoso blando está formado por grupos disfuncionales, con un fuerte liderazgo de corte absolutista, que es mal ejercido, exige adhesión incondicional por parte de sus subordinados y en el que impera una filosofía del tipo «o estás conmigo o estás contra mí» y «nosotros ante los demás» (el resto de departamentos). En este ambiente, todo parece discurrir sin contratiempos mientras todos los miembros del grupo rinden culto al líder —real o fingidamente—, pero no tardan en surgir los problemas cuando aparecen las primeras voces discordantes o uno de los miembros del grupo destaca al recibir una felicitación de un superior, un ascenso o un aumento de sueldo. Es entonces cuando el líder, que se sentía seguro en su puesto al no ver ninguna amenaza en su entorno, se cree en peligro y comienza la «movida». A nivel de la dinámica grupal, es el comienzo de la formación de camarillas, subgrupos que, básica y fundamentalmente, se reducen a dos: «la claque», es decir, los que están cerca del líder y, por tanto, del poder, y los que no, los marginados, los molestos o «la oposición». Ni que decir tiene que estos últimos son quienes sufren en sus carnes (y en sus mentes) las acciones de semiacoso más o menos sutil y velado, mientras que «la claque» actúa como delegada del líder para llevarlas a cabo, en ocasiones de manera teledirigida desde arriba, a veces de forma más independiente, convirtiéndose así en cooperantes necesarios. Por ello es tan peligroso el semiacoso: dado que ya están en él casi todos los ingredientes del *mobbing*, éste puede declararse en cualquier momento y como reacción ante el más mínimo cambio.

Aunque sus efectos no son tan devastadores para las víctimas, es algo mucho más frecuente que el *mobbing* duro. Y es por eso por lo que pensamos que debe requerir nuestra atención, porque su peligro radica precisamente en que ninguna de las partes que pudieran estar implicadas le da tanta importancia, pero sus consecuencias, sin ser tan graves como las del *mobbing*, también resultan desastrosas para la condición tanto profesional como personal del sujeto que padece este tipo de acoso.

Como podemos observar, las similitudes con el acoso psicológico laboral son muchas, tanto en el tipo de acciones como en cuanto a las características del grupo en cuyo seno se producen. Si nos encontramos o no ante una situación de hostigamiento psicológico sería algo que se debe matizar en cada caso concreto.

Otro fenómeno que no puede ser pasado por alto al hablar de *mobbing* es el siguiente: *las falsas acusaciones de acoso*. Hay que reconocer que es un hecho minoritario y que quizás hablar de ello pueda ser considerado políticamente incorrecto en un momento en que todo el mundo se hace eco de que, desgraciadamente, el *mobbing* está ganando terreno en el entorno laboral, pero sí es cierto que hay algunas acusaciones que resultan inexactas, como las hay también en otras situaciones de la vida.

Resulta muy difícil en ocasiones distinguir una denuncia falsa de una verdadera y es, desde luego, una cuestión delicada a la que se debe prestar toda la atención cuando nos encontramos en esa disyuntiva. ¿En qué nos podemos basar para establecer esta diferenciación? Algunas pistas, que en ningún caso deben considerarse aisladamente, pueden ser:

- La personalidad previa del hipotético acosado, es decir, sus características personales *antes* de los hechos y no después, puesto que el hostigamiento psicológico produce cambios profundos en las actitudes y los comportamientos de la víctima. Si la persona previamente era suspicaz, hipersensible, con rasgos que podemos calificar del tipo paranoide, hay que observar los hechos con cautela y buscar una versión de los mismos procedente de otra fuente, a ser posible neutra.
- La culpabilidad en la verdadera víctima. En psicología no existe el cien por cien, pero la experiencia nos ha hecho ver que es poco frecuente que se dé un caso de *mobbing* y éste no vaya aparejado con sentimientos de culpabilidad por parte del acosado. Si no aparecen, diríamos que hay motivos para sospechar, sobre todo si todo ello va acompañado de otras circunstancias que no «cuadran».
- ¿Busca la supuesta víctima beneficiarse con su acusación de algo más que no sea el simple hecho de intentar que el acoso no prosiga y poner fin de esta forma a su sufrimiento? Habría entonces lo que se llama un beneficio secundario. Puede que intente conseguir dinero a través de una indemnización, vengarse de un compañero o un jefe o, lo que es todavía peor, que el hecho de hacerse la víctima de un acoso y de señalar a alguien como agresor suponga su propia manera de ejercer el hostigamiento. Estaríamos en-

tonces ante un caso en que el propio acosador pretende hacerse pasar por víctima. El mismo Parlamento Europeo, en su resolución del 14 de mayo de 2001 sobre el acoso moral en el lugar de trabajo, nos previene sobre esta posibilidad diciéndonos en su punto 5 «que las falsas acusaciones de acoso moral pueden transformarse en un terrible instrumento de acoso». Se produciría entonces una situación kafkiana. ¿Dónde está el agresor y dónde la víctima? ¿Quién es quién en este macabro juego? Circunstancia ésta con la que, obviamente, hay que tener suma precaución.

Si estás acosado en tu trabajo, no estás solo: lo que nos dicen las estadísticas

Los datos al respecto resultan un tanto contradictorios, por lo que nos limitaremos a ofrecer algunos de los más documentados, en un intento de que cada uno extraiga sus propias conclusiones.

Según datos de los barómetros Cisneros de la Universidad de Alcalá de Henares, el acoso psicológico en el trabajo afectaría en España a un número de personas situado entre el 12 y el 16 %; es decir, entre 1,5 a 2,3 millones de trabajadores.

Leymann, quien centró sus estudios sobre el *mobbing* en Suecia, fijó en 1990 en un 3,5 el porcentaje de trabajadores suecos que eran víctimas de acoso laboral.

Refiriéndonos al conjunto de la Unión Europea, el Parlamento Europeo, basándose en una encuesta realizada a 21.500 trabajadores llevada a cabo por la Fundación para la Mejora de las Condiciones de Vida y Trabajo, estableció en su resolución sobre el acoso moral en el lugar de trabajo en un 8 % el número de afectados, es decir, 12 millones de personas. Pero ese mismo Parlamento no parece muy convencido del dato y reconoce en el punto a) de esa misma resolución «que debemos partir de la base de una cifra de casos desconocidos considerablemente superior», para añadir poco después, en el punto 1, que «no se conoce su importancia real».

Según cita Piñuel y Zabala, en su obra *Mobbing. Manual de autoayuda*, son 16 millones de europeos los afectados. Y aún va más allá este autor, señalando que «uno de cada tres trabajadores en activo pasará a lo largo de su vida por al menos una situación de acoso psicológico en el trabajo».

Si entramos a considerar los sectores ocupacionales más afectados por este problema de salud laboral, sería la Administración pública quien se llevaría el triste récord, con unas cifras que rondarían el 22 % de funcionarios afectados, según datos de una encuesta (Cisneros V) realizada por el profesor Piñuel y Zabala entre 7.000 funcionarios, con una tasa de participación del 63 %.

Otros colectivos profesionales en los que la incidencia de la violencia psicológica es elevada son:

- La sanidad. Datos del informe Cisneros III, elaborado por el sindicato de Enfermería SATSE y la Universidad de Alcalá de Henares, indican que este sector profesional presenta un 33 % de afectados por este problema, con una mayoría de casos de acoso horizontal.
- La educación, tanto en primaria, secundaria como en la educación universitaria. En concreto, sobre la incidencia del *mobbing* entre el colectivo de profesores de centros universitarios está en marcha el estudio Cisneros IV, cuyos resultados no son todavía definitivos, pero al parecer resultan alarmantes, apuntando a un 51 % del colectivo docente de la Universidad de Alca-

lá que habría sido objeto de acoso continuado durante los últimos seis años. Quizá debido, como indica el catedrático González de Rivera, al «actual clima de arbitrariedad, endogamia, intriga y nepotismo que corroe nuestras universidades».
- Las fuerzas armadas y los cuerpos de policía.
- Las ONG.
- Los partidos políticos, en los que se da una forma particular de acoso, basada en falsos rumores filtrados a los medios de comunicación con el objetivo de promover una crucifixión pública y destrozar moralmente a la víctima, y que A. Márquez Fernández ha dado en llamar «*mobbing* político» (en *Canarias Ahora*, artículo que puede consultarse en <www.mobbing.un/elacosomoralenlapolitica.htm>.
- Personal del sector bancario.
- Trabajadores del sector de la hostelería.

Por el contrario, en el sector de la producción las situaciones de acoso laboral son mucho menos frecuentes, quizá por la circunstancia de que los conflictos se afrontan de manera más abierta, lo que conduce en la práctica a una mejor resolución de los mismos.

¿Cómo se lleva a cabo el juego sucio?

Algo de esto hemos podido ver a través de los casos expuestos al principio de este capítulo, pero pasemos ahora a ver qué dicen al respecto algunos de los estudiosos del tema.

El ya fallecido psicólogo y economista Heinz Leymann, describió en su Inventario de Acoso Laboral 45 conductas a través de las cuales se ejecuta el *mobbing* de manera más frecuente; Leymann clasificó dichas conductas en cinco grandes apartados. Por su parte, González de Rivera publicó en su obra *El maltrato psicológico* una adaptación del cuestionario de Leymann, añadiendo otros comportamientos de agresión psicológica que él considera bastante frecuentes en el medio laboral de nuestro país.

La clasificación de Leymann es la siguiente:

- *Limitar y manipular la comunicación y/o la información:*
  — El acosador reduce las posibilidades de la víctima de comunicarse con otros.
  — Se le interrumpe cuando intenta hablar.
  — Se le impide expresarse.
  — Se le insulta, se le habla a gritos y se le recrimina.
  — Se critica su trabajo.
  — Se critica su vida privada.
  — Se le acosa por teléfono.
  — Se le amenaza verbalmente.
  — Se le amenaza por escrito.
  — Se evita el contacto con la víctima, rehuyendo su mirada y dirigiéndole gestos y miradas de rechazo o desprecio.
  — Se ignora su presencia, obrando como si fuera invisible o no existiera.

- *Limitar el contacto social:*
  — Se deja de hablar a la víctima.
  — No se le permite que hable a los demás.
  — Se le aísla, asignándole un lugar de trabajo alejado del resto de los compañeros.

— El acosador prohíbe al resto de los compañeros que le hablen.
— Se obvia su presencia física.

- *Desprestigiar a la persona acosada ante sus compañeros:*
    — Se le calumnia.
    — Se lanzan rumores malintencionados sobre ella.
    — Se le ridiculiza.
    — Se le asigna la etiqueta de enferma mental.
    — Se le intenta forzar para que se someta a un examen psiquiátrico.
    — Se le achaca alguna enfermedad.
    — Se imitan su voz, sus gestos, su manera de andar, etc., ridiculizándolos.
    — Se critican sus convicciones políticas o religiosas.
    — Burlas acerca de su vida privada.
    — Burlas sobre su etnia o nacionalidad.
    — Se le asignan trabajos degradantes.
    — Se comenta su trabajo de manera malintencionada, observando meticulosamente cualquiera de los aspectos del mismo.
    — Se cuestionan y desautorizan sus decisiones.
    — Se le insulta con términos obscenos o degradantes.
    — Se le acosa sexualmente.

- *Desprestigiar y desacreditar su capacidad profesional y laboral:*
    — No se le asigna ningún trabajo.
    — Se le vigila para que además no pueda encontrar ninguna tarea por sí misma.
    — Se le piden tareas absurdas, ridículas o inútiles.

— Se le asignan tareas claramente inferiores a sus competencias profesionales.
— Se le asignan constantemente tareas nuevas.
— Se le hacen realizar trabajos humillantes u ofensivos.
— Se le asignan tareas muy superiores a sus competencias, con el fin de desprestigiarle y demostrar su incompetencia.

- *Comprometer la salud de la persona acosada:*
  — Se le exigen trabajos peligrosos o perjudiciales para su salud.
  — Se le amenaza físicamente.
  — Se agrede físicamente a la víctima, pero levemente, como una advertencia.
  — Se le infringen malos tratos físicos.
  — Se le ocasionan gastos intencionadamente para perjudicarle.
  — Se le ocasionan daños físicos en su puesto de trabajo o en su hogar.
  — Se pone en evidencia su vida sexual o se le agrede sexualmente.

Por su parte, los alemanes Knorz, Zapf y Kulla, profesores de la Universidad de Francfort (en *On the Relationship between Mobbing factors, and Job Content, Social Work Environment, and Health Outcomes*), especificaron lo que ellos consideran los 34 comportamientos más frecuentes a los que se recurre para agredir psicológicamente a un trabajador e intentar apartarlo de la institución, agrupándolos en siete grupos o variables.

Conductas que indican la existencia de *mobbing*
(según Knorz, Zapf y Kulla)

- Ataques a la víctima con medidas organizacionales
  — El superior restringe a la persona la posibilidad de hablar.
  — Cambiar la ubicación de una persona separándola de sus compañeros.
  — Prohibir a los compañeros que hablen a una persona determinada.
  — Obligar a alguien a ejecutar tareas en contra de su conciencia.
  — Juzgar el desempeño de una persona de manera ofensiva.
  — Cuestionar las decisiones de una persona.
  — No asignarle tareas.
  — Asignarle tareas sin sentido.
  — Asignar a una persona tareas muy por debajo de sus capacidades.
  — Asignarle tareas degradantes.

- Ataques a las relaciones sociales de la víctima con aislamiento social
  — Restringir a los compañeros la posibilidad de hablar con una persona.
  — Rehusar la comunicación con una persona a través de miradas y gestos.
  — Rehusar la comunicación con una persona no comunicándose directamente con ella.
  — No dirigir la palabra a una persona.
  — Tratar a una persona como si no existiera.

- Ataques a la vida privada de la víctima
  — Críticas permanentes a la vida privada de una persona.
  — Terror telefónico.
  — Hacer parecer estúpida a una persona.
  — Dar a entender que una persona tiene problemas psicológicos.
  — Mofarse de sus discapacidades.

— Imitar los gestos, voces etc., de una persona.
— Mofarse de la vida privada de una persona.

- Violencia física
  — Ofertas sexuales, violencia sexual.
  — Amenazas de violencia física.
  — Uso de violencia menor.
  — Maltrato físico.

- Ataques a las actitudes de la víctima
  — Ataques a sus actitudes y creencias políticas.
  — Ataques a sus actitudes y creencias religiosas.
  — Mofarse de la nacionalidad de la víctima.

- Agresiones verbales
  — Gritarla o insultarla.
  — Críticas permanentes del trabajo que realiza la persona.
  — Amenazas verbales.

- Rumores
  - Hablar mal de la persona a sus espaldas.
  - Difusión de rumores.

La ejecución del *mobbing* adquiere diferentes maneras según el sector empresarial en que se produzca. Así, en la empresa privada el hostigamiento psicológico suele ser más brutal y de más corta duración en el tiempo: el empleado se va o le echan. Como el objetivo perseguido se consigue en un período temporal más breve, deja de ser necesario un largo e insidioso proceso de acoso. En cambio, en la Administración, el *mobbing* es más prolongado en el tiempo, adoptando a veces formas kafkianas, como la de ordenar al trabajador acosado copiar el listín de números telefónicos. Ello es debido tanto a la dificultad de despedir al empleado, como al hecho de que éste aguanta más en aras de la seguridad que este empleo tiene y que no encontraría en otro medio laboral.

Los actores del *mobbing*

Como es obvio, el *mobbing* lo ejerce el acosador o acosadores dirigiendo sus acciones contra la persona acosada. Éstos son los protagonistas del drama: el uno o los unos de manera voluntaria e intencionada; el otro, la víctima, como protagonista a la fuerza. Pero como en una película, y como en la mayoría de situaciones de la vida, en el acoso laboral no sólo participan los protagonistas principales, sino también los actores secundarios, cooperantes necesarios para que las acciones de agresión y humillación tengan lugar. Nos estamos refiriendo, por un lado, a la organización, que proporciona el marco, el escenario preciso y adecuado para que los hechos se desarrollen; por otro, a la «comparsa», es decir, a aquellos miembros del grupo que de alguna manera colaboran con el acosador, bien sea de manera activa o por omisión.

Nos ocuparemos ahora de estos dos últimos, de las figuras secundarias; de los actores principales hablaremos más extensamente en otros apartados.

La empresa

Todos los investigadores del fenómeno *mobbing* están de acuerdo en afirmar que hay determinados contextos organizativos que, por sus características, aumentan las posibilidades de que en su interior se produzcan acciones de hostigamiento psicológico. Son el tipo de empresas que suponen, por decirlo así, el caldo de cultivo idóneo en el que más fácilmente puede surgir y sobrevivir un fenómeno como el *mobbing*. Como dice la psiquiatra francesa Hirigoyen: «Del mismo modo que existen patologías individuales, existen patologías colectivas. Junto a individuos perversos y a individuos inducidos a utilizar procedimientos perversos, existen formas de organización (empresa, organismo, etc.) que pueden ser en sí mismas tóxicas».

Y centrándonos ya en la cuestión, ¿cómo es la estructura organizativa favorecedora de las agresiones de tipo psicológico? Algunas características que podemos destacar son:

- Fuertemente jerarquizada y burocratizada.
- Con exigencia de una fuerte cohesión y adhesión al «espíritu de la empresa» y la acomodación a las normas imperantes.
- En la falsa creencia de que eso favorece la productividad, se estimula a los trabajadores a una desaforada competitividad, que anula la cooperación y exacerba la rivalidad extrema del tipo «o yo o el otro», de manera que una persona sin escrúpulos y con tendencias perversas y manipuladoras no es difícil que llegue a la conclusión de que, si es capaz de eliminar al otro mediante no importa qué malsanos procedimientos, ella se quedará con el mejor puesto y además quedará impune por sus actos.
- Importan más los criterios de rentabilidad que la consideración de los trabajadores como individuos merecedores de respeto y no como meros objetos productivos.

Sólo en ese tipo de contextos laborales es donde el hostigador encuentra las condiciones favorables para desplegar los rasgos patológicos que le llevan a agredir a otra persona intentando su aniquilación, y donde no encuentra a nadie que le frene ni le haga desistir de sus propósitos, además de quedar impune por sus actos.

La comparsa

Nos estamos refiriendo aquí a aquellos compañeros de la víctima que, sin estar involucrados en el acoso de una manera directa, colaboran en los hechos, ya sea de manera activa, reproduciendo de manera mimética los actos del acosador principal, o pasiva. Entre los primeros, generalmente destacan aquellos que lo hacen porque la víctima les cae mal; tienen o creen tener alguna cuenta pendiente con ella y ven el momento de cobrarla; por hacer méritos ante el jefe, etc. A los que reaccionan con pasividad, simplemente no oponiéndose a las injusticias de que son testigos, los mueve el miedo, la comodidad («mientras se meta con él, no se mete conmigo»). Todos ellos son los cooperantes necesarios, sin los cuales el acoso no podría continuar durante mucho tiempo, y en cualquier caso sería mucho menos crudo para la víctima. De hecho, es muy difícil que se mantenga una situación de acoso si el acosador no se procura un grupo de simpatizantes.

A los actores mencionados se suman en ocasiones otros que consiguen que el acoso y el tormento psicológicos se prolonguen incluso fuera del ámbito laboral, sumiendo al sujeto afectado en una honda depresión. Así, a veces han de sufrir en su camino a:

- Sindicalistas miembros del comité de empresa que no quieren saber nada del tema, que se «lavan las manos» y no quieren defender a su compañero, dejándole solo en la estacada.

- Inspectores de trabajo que no toman la denuncia con la suficiente consideración o se limitan a hacer una somera investigación de trámite, fruto de la cual «no observan ninguna anomalía».
- Mutuas laborales y comités de prevención de riesgos laborales que parecen tener como objetivo más el de colaborar para la empresa que el de mirar por la salud de los trabajadores.
- Médicos, psicólogos y psiquiatras que achacan la situación a la «personalidad problemática» del que en realidad es víctima, confundiendo de esta manera los efectos del *mobbing* con la causa del mismo.
- Abogados que no saben o no ponen el suficiente interés en afrontar el caso de la manera más ventajosa para su defendido.

¿Quién lo ejecuta? Los distintos tipos de *mobbing* en función de ello

Ya desde los primeros años en que se estudió el fenómeno *mobbing* se vio que, dentro del grupo social que constituye el conjunto de personas que trabajan en una misma empresa, el acoso puede producirse en distintas direcciones, como vamos a ver a continuación:

- *Acoso vertical descendente*. Es el que se lleva a cabo por parte de un superior jerárquico hacia un subordinado; se trata del caso más destructivo por el hecho de que la víctima se siente aún más aislada que en los otros tipos de acoso y con una menor disponibilidad de recursos —por comparación con su acosador— para defenderse de la situación. En inglés se le ha dado en llamar «*bossing*» (de *boss*, jefe). Según los estudios de Leymann (1996), el 37 % de los casos de acoso pertenecerían a este tipo, mientras que Piñuel (2001) encontró un 43 %.

- *Acoso horizontal.* Es el que tiene lugar entre personas que ocupan un mismo nivel jerárquico en la empresa, es decir, cuando tanto el acosador como el acosado son compañeros. Es la situación de *mobbing* más frecuente, con unas cifras que, según Leymann estarían en el 44 % de los casos de acoso y, según Piñuel, en el 42 %.
- *Acoso ascendente.* El acoso aquí parte de uno o más subalternos hacia su superior jerárquico. Si bien es el menos frecuente de todos los tipos de acoso (Leymann: 9 %; Piñuel: 2,5 %), no por ello deja de ser menos destructivo para quien lo padece, jugando en ello un papel relevante el hecho de que resulta menos creíble para las instancias a las que se puede recurrir. En bastantes casos, esta situación se produce cuando la víctima ha sido con anterioridad un compañero de los ahora acosadores que ha sido ascendido, convirtiéndose así en jefe de sus antiguos colegas.
- *Acoso mixto.* Si la iniciativa de acoso ha partido de un superior, éste pronto hace lo necesario para que los compañeros de la víctima —o al menos, algunos de ellos— participen, ya sea activa o pasivamente. Si ha sido un compañero el que ha comenzado a acosar, resulta un tanto difícil que la situación pueda sostenerse si la jerarquía se opone, por lo que acaba convirtiéndose en cómplice cuando menos por omisión, por no hacer nada para que el acoso cese. Según Leymann, este tipo de acoso supone el 10 % de los casos.

En otro orden de cosas, también podríamos hacer la diferenciación entre un tipo de acoso más sutil y otro más directo, sin que ello quiera decir en ningún momento que exista una persecución psicológica mala y otra aún peor, sino que se trata de situaciones distintas. La primera es más difícil de identificar. Es una clase de *mobbing* más refinado que está hecho de ataques ambiguos, poco francos, de alusiones vagas, de manipulaciones por la espalda, de frases confusas, de miradas secas llenas de odio, de sembrar la duda acerca de la persona elegida como víctima. Su ámbito suele ser aquellos medios laborales más «sofisticados», el de los empleados de «cuello blanco» con un nivel cultural más elevado: universidades, hospitales, oficinas y sector de servicios en general.

El tipo de hostigamiento más directo se produce más a las claras, y por esa misma circunstancia los afectados, sobre todo ahora que existe una mayor difusión del tema, acostumbran a percatarse antes de la situación. Este tipo de *mobbing* se ejecuta a través de actos más evidentes, en algunas ocasiones incluso burdos, como gritos, insultos, amenazas o encomendar tareas inútiles o degradantes. Es más propio del sector productivo, entre los trabajadores de «cuello azul», donde las personas suelen comportarse de un modo más espontáneo y menos retorcido.

¿Por qué y cuándo se ejecuta el *mobbing*?

Los motivos que el hostigador encuentra para elegir a alguien como víctima de sus desmanes son múltiples y variados, como todo lo que se refiere a la naturaleza humana. Las causas pueden ser de lo más variado e incluso variopinto. Así, que una persona sea fumadora puede constituir motivo de acoso en un grupo de personas mayoritariamente no fumadoras, pero también puede serlo el hecho contrario: una persona que no fuma en un grupo de personas que mayoritariamente son fumadoras. Ello viene a recalcar el hecho de que la «culpa» no está en la víctima por ser de tal o cual manera, sino en cómo vive el acosador y/o el grupo su modo de estar, pues la misma característica puede ser, según los casos, causa de que te acosen o bien puede servir de protección frente al acoso.

Así, entre los motivos más frecuentes de hostigamiento psicológico en el trabajo podemos destacar los siguientes:

- La envidia, los celos hacia la persona elegida como chivo expiatorio por el hecho de que ésta tenga una cualidad muy destacada, como ser un profesional brillante, tener mejor currículo, una vida personal gratificante, un estatus socioeconómico superior, una elevada capacidad para relacionarse con los demás, etc. Piñuel y Zabala pone mucho énfasis en la envidia como detonante del acoso, y ciertamente que ésta es en muchas ocasiones la esencia misma de la elección de víctima por parte del acosador. En esas ocasiones, la relación verdugo/acosado es, en realidad, una relación envidioso-envidiado en la que el primero intenta por todos los medios a su alcance despojar al segundo de sus bienes y valores humanos, en especial de aquellos de los que más celoso se siente, porque el mero hecho de que aquél los posea no hace, a su manera de ver, sino acentuar y realzar el hecho de que el envidioso carece de ellos. Castilla del Pino nos lo explica con su característica maestría en *La envidia*: «Es *la mera existencia del envidiado*, su posición social, sus éxitos, sus logros, sus dotes de empatía, entre otros muchos "bienes" posibles, los que generan lo que se ha llamado el *sentimiento* (en realidad, la actitud) de envidia [...] El envidiado se alza ante todos ostentando aquello de que el envidioso carece; refleja, sin pretenderlo, por contraste, la deficiencia del envidioso. Por eso se dice en el habla coloquial, con gran precisión, que el envidioso "no puede ver" al envidiado, y no precisamente porque le sea meramente antipático. No puede literalmente verlo, porque la visión que de sí mismo obtiene por la presencia del envidiado le es intolerable». Aún va más allá Castilla del Pino, al expresarnos que «el envidioso busca la destrucción del envidiado, pero la destrucción de su imagen, no necesariamente del cuerpo físico del envidiado […] lo que realmente satisface, cuando menos en parte, es su "caída en desgracia", porque ello puede significar la pérdida de los atributos por los que antes se le envidiaba. Era ése el objetivo de la envidia: no que el envidiado no existiera, ni que fuera desgraciado en otros aspectos, sino que quedase situado por debajo del envidioso». ¿No es éste, al fin y al cabo, el objetivo de muchos de los actos de acoso?

- No ser servil, no haberse dejado manipular ni prestarse a las insidias e intrigas propuestas por la persona que más tarde se convertirá en el acosador.
- No compartir los criterios ni actitudes del grupo, sobre todo de aquellos miembros que ostentan el poder.
- Ser diferente respecto al grupo por etnia, sexo, orientación sexual, convicciones políticas o religiosas, etc., por la sencilla razón de que esas diferencias se viven por parte del grupo como algo amenazante para su cohesión, de tal manera que consideran preferible eliminar a la persona distinta para conseguir una sensación de seudoequilibrio. Esto es especialmente aplicable a aquellos grupos tóxicos, en los que todavía se produce con mayor virulencia lo que se ha dado en llamar el *síndrome de rechazo al cuerpo extraño*, proceso que se origina en todo ser vivo cuando un elemento ajeno entra en contacto con él: todo el organis-

mo se pone en funcionamiento para expulsarlo. Hasta tal punto llega ese rechazo, que he conocido un caso de acoso en que el motivo era tan extraño a la persona elegida como chivo expiatorio como la afiliación política de la pareja, que suscitaba fuerte rechazo entre un grupo de convicciones políticas «enemigas».

- Para que cunda el ejemplo entre el resto de los miembros del grupo, y así los disidentes tomen nota y no se atrevan a discrepar. Se produce en estos casos otro de los fenómenos característicos del chivo expiatorio. Como dice Nora Rodríguez en su obra *Mobbing. Vencer el acoso moral*, «la primera función de un chivo expiatorio es aceptar la supremacía de poder del acosador. La segunda, permitir que este poder se extienda al grupo. La tercera, servir como modelo porque con ello se les demuestra a los demás lo que les puede ocurrir si no se comportan sumisamente». Pero la elección de alguien como chivo expiatorio todavía tiene otro efecto añadido, y es hacer que el grupo se sienta más unido y cohesionado, que se fortalezcan los lazos que unen a sus diferentes miembros. Ya lo dice el refrán: «Nada une más que un enemigo común» (o un acosado común, podríamos decir en este caso). No hay más que designar a alguien como ese «enemigo de todos» y el resto viene por añadidura.

- Haber estado de baja durante un período prolongado de tiempo, lo que es vivido por algunas empresas como una afrenta o una deslealtad.

- Estar atravesando una crisis personal por enfermedad propia, de un familiar, separación matrimonial, etc. El acosador escoge ese momento, aprovechándose de la debilidad del otro, quien, preocupado y minado por motivos externos a lo laboral, no tiene fuerzas para defenderse de los ataques.

- Denunciar los fallos del sistema o las prácticas poco éticas, convirtiéndose así en lo que en el mundo anglosajón denominan un *whistleblower* («el que se va de la lengua» o «pita falta»).
- La existencia de una relación sentimental que ha sido cortada por quien posteriormente se convertirá en la víctima. El otro miembro de la pareja, resentido, optará por vengarse intentando aniquilarle.

El *mobbing* como proceso: sus fases

El acoso psicológico en el trabajo es un proceso continuo, es decir, una persona no pasa de la noche a la mañana de no ser acosada a serlo. Es más, en muchas ocasiones la víctima no llega a identificar el inicio del fenómeno ni aun después de reconocer los hechos como una situación de agresión laboral. Simplemente, porque el comienzo es sutil, insidioso y larvado, y se inicia con un cambio en una relación interpersonal que hasta entonces había sido neutra o incluso positiva. Si hablamos de su final, el panorama es todavía más desalentador, pues lo desesperante del *mobbing* es que, una vez iniciado, tiende por inercia a continuar sin que nada ni nadie parezca querer o poder ponerle fin, y menos aún la víctima, que es la parte más indefensa. Como nos dice Trude Ausfelder en su obra *Mobbing. El acoso moral en el trabajo*: «El acoso es una situación con una gran dinámica. Una vez que la persona entra en la rueda, nunca consigue salir ilesa».

Dos son los estudiosos sobre el *mobbing* que más han trabajado sobre la cuestión de los distintos momentos por los que atraviesa una situación de acoso: Leymann y Ege.

Para el alemán, nacionalizado sueco, Heinz Leymann son cuatro las fases:

- *Fase de conflicto*, refiriéndose a un conflicto no solucionado, o bien mal resuelto, que hace que se convierta en crónico y sería la causa de que uno de los afectados busque salida a sus sentimientos de rivalidad y venganza por cauces no habituales y digamos que retorcidos, iniciándose así el siguiente paso.
- *Fase de* mobbing *o estigmatización*, en la que comienzan las acciones de hostigamiento contra la persona elegida, que progresivamente van haciéndose más duras y extensivas, por lo general, a un mayor número de personas, en la medida en que el acosador se las ingenia para ir imponiendo su criterio. Lo que pudo haber empezado como un conflicto entre dos personas, como un «uno contra uno», ahora puede convertirse en un «todos contra uno» o, al menos, «la mayoría contra uno». Los roles de acosador, comparsa y acosado quedan establecidos. La duración de este período es variable, dependiendo de distintos factores. Leymann, siempre refiriéndose a la realidad laboral sueca, encontró que como promedio se prolonga durante unos quince meses.
- *Fase de intervención desde la empresa*. Como consecuencia de las acciones sufridas en la anterior fase, la víctima experimenta los síntomas propios del *mobbing*. El caso, por decirlo así, se oficializa e intervienen las autoridades de la empresa. La cuestión puede resolverse en este momento si la intervención es adecuada, pero en muchos casos lo que se produce, por el contrario, es una culpabilización de la víctima, achacando los hechos a que la persona acosada tiene «problemas psicológicos» o una «personalidad

conflictiva». En referencia a esta participación de la empresa, nos dice González de Rivera: «Su fin último no es socorrer al acosado, sino todo lo contrario. En ocasiones, se recurre a la mediación de una comparsa bien intencionada que suele ser el médico de la empresa, un directivo bondadoso e inocentón, un representante del comité de empresa, o, si el acoso tiene lugar en un hospital, el psiquiatra o psicólogo en plantilla. Sin embargo, por muy sensatas y razonables que puedan ser sus recomendaciones, lo más probable es que sean espuriamente utilizadas como argumento adicional en contra del acosado. Así, si se sugiere un cambio de puesto de trabajo, se le enviará a otro todavía peor; si se diagnostica un estado ansioso o depresivo, se le tildará de enfermo mental; si el acosado se muestra desconfiado o reticente, se dirá que es un paranoico o que no pone nada de su parte para resolver el problema».

- *Fase de marginación o de exclusión de la vida laboral*, que puede ser temporal, mediante la baja laboral, o definitiva: la víctima se despide, es despedida, obtiene la incapacidad laboral o es jubilada anticipadamente, con todas las repercusiones negativas que ello tiene, tanto para ella misma como para el sistema socioeconómico. En cualquier caso, al conflicto se le ha dado una salida del todo inadecuada, haciendo pagar a la víctima en lugar de al culpable.

El alemán afincado en Italia Harald Ege, presidente de PRIMA, Asociación Italiana contra el *Mobbing* y el Estrés Psicosocial, tras realizar una crítica de lo anteriormente expuesto en el sentido de que está basado en la realidad sueca y, por tanto, poco adaptado a las particularidades socioculturales de los países latinos, adapta el modelo de Leymann al mundo laboral italiano, distinguiendo una prefase y seis fases:

- *La «condición cero»*. Para Hege, no es una fase del *mobbing*, sino una prefase en la que se hace referencia a las condiciones sociolaborales necesarias para que el acoso se produzca. Está muy basada en la realidad italiana donde, según él, la mayoría de compañías son conflictivas, y es en ese escenario donde el hostigamiento laboral encuentra terreno abonado para producirse y desarrollarse. Se trata de un contexto en el que todos van contra todos, lo que de vez en cuando se materializa en pequeñas acusaciones, venganzas, rivalidades, etc. No hay una intención de agredir, pero sí de sobresalir respecto de los demás. En otras palabras, hay un clima social disfuncional. El terreno está abonado.
- *Fase uno: el conflicto apuntado*. Se planta la semilla en la tierra ya fertilizada. La conflictividad general se encauza, se focaliza hacia una persona en concreto. El objetivo, que antes era sólo destacar entre los demás, se sustituye ahora por otro perverso: destruir al otro, «hacerle la cama». Además, el conflicto ya no se centra en cuestiones exclusivamente laborales, sino que se produce un deslizamiento hacia temas de la vida privada de la persona elegida como víctima. Se ha plantado la semilla del *mobbing*: se ha optado por ir deliberadamente contra alguien y se ha elegido contra quién.
- *Fase dos: el inicio del* mobbing. Por seguir con el símil, en esta fase la semilla germina y nace el plantón. Las relaciones del grupo con la persona designada cambian, y ésta pasa a ser el chivo expiatorio, el que tiene la culpa de todo. La víctima, que ahora ya lo es, empieza a inte-

rrogarse acerca de los cambios acontecidos y medita sobre qué habrá hecho para merecerlo. Comienza la autoculpabilización de la víctima, producto de la heteroculpabilidad.
- *Fase tres: los primeros síntomas psicosomáticos*. La planta ha madurado y comienza a dar sus amargos frutos. La víctima comienza a experimentar los síntomas del *mobbing*, no sólo a nivel fisiológico o psicosomático, sino en todos los aspectos. Se obsesiona con los hechos que le ocurren en el trabajo y se siente impotente e incapaz, con una tremenda sensación de indefensión aprendida.
- *Fase cuatro: errores y abusos del Departamento de Personal*. Estamos ante lo que Leymann denomina fase de «intervención desde la empresa». El tema se hace público y se oficializa, más que nada porque la víctima, al haber enfermado, coge la baja, comete errores en el trabajo o disminuye su rendimiento. También se produce cada vez con mayor frecuencia siempre que el acoso se denuncia. En cualquier caso, interviene en ese momento el Departamento de Personal, quien por lo general considera al acosado como sospechoso. Además, los compañeros también le señalan, ya sea por haber «disfrutado» de un descanso mientras ellos han estado más cargados de trabajo o por «estar mal de la cabeza». Nuevamente, la víctima es culpable de todo, incluso de haber enfermado.
- *Fase cinco: serio empeoramiento de la salud psicofísica de la víctima*. Sus síntomas empeoran, y cada vez se encuentra peor, más deprimido y con menos fuerza, subsistiendo a veces a base de psicofármacos y ayuda psicológica. Si ha cogido la baja por necesidad, a la vuelta al trabajo todo es peor.
- *Fase seis: exclusión del mundo del trabajo*. Como ya dijimos, en esta última fase tiene lugar el apartamiento de

la persona acosada de su puesto de trabajo, lo que se realiza a través de distintos métodos: la baja de larga duración por enfermedad, el cese voluntario, el despido por parte de la empresa, la restricción de contrato de trabajo en virtud del artículo 50 del Estatuto de los Trabajadores, la incapacidad laboral, la jubilación anticipada o, más raramente, el traslado a otro departamento o a otras dependencias dentro de la misma empresa. Según estudios realizados en Francia por Hirigoyen, hay «un total del 67 % *de los casos en que la persona es efectivamente excluida del trabajo, al menos temporalmente*». En casos más extremos, la víctima puede llegar al suicidio, consumado o no, al no encontrar otra salida a su dramática situación.

El perfil del acosador

Conocer la psicología del agresor es un tema importante para llegar a comprender por qué se produce el acoso psicológico e incluso para conseguir salir del proceso cuando ya se es una víctima. Si bien no hay un solo modelo de hostigador psicológico, sino diferentes tipos, todos los estudiosos del fenómeno *mobbing* coinciden en señalar la personalidad del acosador como del tipo psicopático o personalidad antisocial, como también se le llama, o del tipo paranoide.

Pero ¿qué es un psicópata? Robert Hare lo define como «un depredador de su propia especie que emplea el encanto personal, la manipulación, la intimidación y la violencia para controlar a los demás y para satisfacer sus propias necesidades egoístas. Al faltarle la conciencia y los sentimientos que le relacionan con los demás, tiene la libertad de apropiarse de lo que desea y de hacer su voluntad sin reparar en los medios y sin sentir el menor atisbo de culpa o arrepentimiento». El hostigador estaría dentro de lo que se llama maltratadores sobrecontrolados que, según la profesora Paz del Corral, «practican el maltrato como un reflejo de sus carencias personales». Son esas carencias personales, ese saberse mediocres, lo que les produce inseguridad y, como ya dijera Leymann, «el miedo y la inseguridad que experimentan hacia sus propias carreras profesionales, su propia reputación o su posición en la organización, les compele a denigrar a otras personas». A la vez, son individuos que carecen de empatía, es decir, de la capacidad para ponerse en lugar del otro tanto afectiva como cognitivamente y de experimentar la necesidad de ayudar al otro.

Y ¿qué es una personalidad paranoide? Podríamos definirla como aquella que realiza una interpretación de la realidad como algo hostil hacia sí misma, atribuyendo intenciones malévolas a las acciones de los demás, aun a las más triviales e inocentes. Son personas susceptibles, frías y distantes en sus relaciones con los otros y que proyectan sus propios conflictos y hostilidades hacia los demás.

Otros autores han puesto el énfasis más en la mediocridad de los hostigadores que en su perversidad. Así, para González de Rivera, bastantes de ellos presentan la variante más grave de lo que él denomina trastornos de mediocridad, es decir, la *Mediocridad Inoperante Activa* (MIA). Nos explica así el trastorno en <http://es.geocities.com/docu_asacamt/sindr_mia_jlgrr/>:

> En primer lugar, el individuo afectado por este trastorno desarrolla fácilmente una gran actividad, inoperante, por supuesto, acompañada de un gran deseo de notoriedad y de control e influencia sobre los demás, que puede revestir tintes casi me-

siánicos [...] El MIA tiende a infiltrarse en organizaciones complejas, particularmente aquellas que ya están afectadas por algunas de las formas menores del síndrome. Fácilmente puede llegar a encapsularse en pequeños grupos o comités que no producen nada, pero que se asignan funciones de «seguimiento y control» lo que les permite entorpecer o aniquilar el avance de individuos brillantes y realmente creativos. El MIA que tiene algún poder en puestos burocráticos tiende a generar grandes cantidades de trabajo innecesario, que activamente impone a los demás, destruyendo así su tiempo, o bien intenta introducir todo tipo de regulaciones y obstáculos destinados a dificultar las actividades realmente creativas. Por otra parte, el Mediocre Inoperante Activo es particularmente proclive a la envidia, y sufre ante el bien y el progreso ajenos. Mientras que las formas menores presentan simplemente incapacidad para valorar la excelencia, el MIA procura además destruirla por todos los medios a su alcance, desarrollando sofisticados sistemas de persecución y entorpecimiento. Nunca reconocerá, por ejemplo, los méritos que un individuo brillante realmente reúne para lograr un premio o una posición, sino que atribuirá todo éxito ajeno a relaciones con personas influyentes o a injusticias del sistema. De la misma manera, fácilmente callará cualquier información que permita valoraciones positivas sobre otros, mientras que amplificará y esparcirá todo rumor o dato equívoco que invite a la desvalorización y desprestigio de esas mismas personas». En suma, que del acosador se podría decir algo así como «dime qué envidias y te diré de qué careces».

¿Cómo es el «retrato robot» del acosador? Algunas características que sirven como apunte para esbozarlo:

- Su personalidad puede calificarse de psicopática y narcisista o paranoide, en algunos casos. Muchos de ellos pue-

den encuadrarse en lo que Vicente Garrido denomina *«psicópata organizacional»*.
- Carece de empatía, es decir, de la capacidad de ponerse en el lugar del otro, de *sentir con el otro*.
- Tiene bajo nivel de autoeficacia, es decir, de la característica personal a través de la cual el individuo se percibe como capaz de llevar a cabo sus propósitos.
- Se caracteriza por su gran dificultad para reconocer haber obrado inapropiadamente. Carece de sentimientos de culpa, no conoce lo que es el remordimiento ni la vergüenza por los actos cometidos.
- Tiene un alto potencial para manipular los hechos y presentarlos como más convenga en cada momento a sus propios intereses. Son expertos en ingeniería social, en el arte de tergiversar la verdad y ponerla a trabajar a su favor.
- Utiliza con frecuencia la mentira, el engaño, la duplicidad y la hipocresía.
- Llega con suma facilidad a creer sus propias mentiras, de tal manera que se convence de que las descalificaciones dirigidas contra su víctima son reales y no producto de su invención, su tergiversación o su exageración.
- Seductor cuando así conviene a sus intereses.
- Tiene un historial de acoso psicológico, lo que Piñuel llama muy expresivamente «cadáveres en el armario»; es decir, es bastante probable que anteriormente ya haya agredido psicológicamente a otras personas, dejándolas destrozadas a lo largo de su camino. Otro estudioso del *mobbing*, Tom Field, fundador de la UK National Workplace Bullying Advice Line (Consejo Nacional de Acoso Laboral del Reino Unido), habla de «acosadores en serie». Si es todavía su primera vez, las probabilidades de que reincida son bastante grandes.

- Posee una especial habilidad para detectar los puntos débiles de los demás y utiliza esta información sin escrúpulo alguno.
- Tiene una clara falta de habilidades para las relaciones interpersonales.
- Es mediocre en su desempeño profesional, lo que le lleva a detestar a los que son más brillantes que él y a procurar rodearse de personas dóciles que se presten a colaborar en sus maquinaciones e intrigas.
- Es inseguro en lo más profundo de su ser, a pesar de que intenta aparentar una falsa seguridad, y muchos de ellos lo consiguen.
- Emocionalmente inmaduro.
- No acepta responsabilidades por su comportamiento.

Marie-France Hirigoyen en *El acoso moral* consigue describir en pocas palabras la esencia de la personalidad del acosador: «Estos individuos sólo pueden existir si *desmontan* a alguien: necesitan rebajar a los otros para adquirir una buena autoestima y, mediante ésta, adquirir el poder, pues están ávidos de admiración y de aprobación. No tienen ni compasión ni respeto por los demás, puesto que su relación con ellos no les afecta. Respetar al otro supondría considerarlo en tanto que ser humano y reconocer el sufrimiento que se le inflige».

Un fenómeno que no puede pasarse por alto y que resulta imprescindible para entender el comportamiento del acosador es el de la envidia. Evidentemente, hay una envidia sana, que se diferencia de la enfermiza en que en la primera la persona que envidia ansía tener lo que el otro posee, pero se alegra (o, al menos, no se entristece) de que el prójimo lo tenga. Es una envidia que puede resultar estimulante, puesto que puede funcionar como acicate para esforzarse más intentando emular al prójimo. En la envidia maligna, en cambio, el envidioso *necesita* que el otro deje de tener aquello que él envidia, necesita destruirlo, y sólo así puede sentirse satisfecho. La actitud en la envidia sana es «ambos podemos tenerlo y estar bien» o «puedo sobrevivir aunque no llegue a alcanzarlo», mientras que en la patológica es «ya que yo no puedo poseerlo, tú no debes tenerlo y estoy dispuesto a hacer todo lo necesario para que así sea»; desde la envidia puede admitirse el odio al envidiado como un hecho normal. Y es entonces cuando el envidioso enfermizo necesita de la destrucción del objeto de sus celos, es decir, de quien puede hacerle sombra, o de sus posesiones. Sólo la desgracia del otro, dañar su alma, puede hacerle sentirse aplacado en sus oscuras inquietudes.

¿Estás entre el desafortunado club de los posibles candidatos a sufrir *mobbing*?

No, no se trata ni mucho menos de que tú seas el culpable de la situación que estás padeciendo, pero sí es cierto, como veremos en el apartado siguiente, que hay ciertas características en la situación de la probable víctima que la convierten, por decirlo así, en candidata más probable.

Te ofrecemos a continuación algunas preguntas clave que te pueden servir de reflexión sobre tu situación en la empresa en la que trabajas y te ayudarán a discernir tus desafortunadas posibilidades de convertirte en víctima de un acosador:

1. ¿Trabajas en una organización altamente estratificada e inmovilista (como, por ejemplo, la Administración)?
2. ¿Has estado de baja laboral durante un período de tiempo prolongado (pongamos varios meses)?

3. ¿Tienes una vida privada altamente satisfactoria y de la que tu jefe y tus compañeros son conscientes?
4. ¿Destacas en el ejercicio de tu profesión? O, dicho en otras palabras y sin modestia, ¿eres más eficiente que la mayoría de las personas que trabajan a tu alrededor?
5. ¿Los demás te suelen decir que eres demasiado confiado, es decir, que perteneces al grupo de personas que piensan que «todo el mundo es bueno» (a veces, incluso, aunque se demuestre lo contrario)?
6. ¿Tu jefe inmediato puede calificarse como mediocre (opinión contrastada imprescindible)?
7. ¿La aprobación de los demás es para ti un objetivo tan necesario que por lograrla estás dispuesto a renunciar a alguna parte del «ser tu mismo»?
8. ¿Tu jefe o algún compañero es un ser con muy escasa capacidad de empatía, es decir, es incapaz de «sentir con el otro»?
9. ¿Defiendes públicamente a un compañero que está en apuros con la empresa sin pararte a pensar en tu propia conveniencia?
10. ¿Haces casi cualquier cosa por evitar los enfrentamientos con los demás, aunque eso te suponga algún sacrificio personal?
11. ¿En la organización para la que trabajas impera el «espíritu de empresa» y ese «espíritu» es algo que tú no acabas de asumir?
12. ¿Has realizado formalmente alguna queja o denuncia en el seno de la empresa para la que trabajas (por ejemplo, que se fume fuera de las zonas habilitadas para ello)?
13. ¿Tu antigüedad en la empresa le hace a ésta muy costoso tu despido?

14. ¿Hay algún motivo (personal, familiar, profesional o situacional) que pueda suscitar la envidia de tu jefe o compañeros?
15. ¿Hay algún antecedente de *mobbing* en el grupo en el que desarrollas tu trabajo («cuando veas las barbas de tu vecino pelar...»)?
16. ¿Hay entre los miembros de ese mismo grupo algún «trepa» que no repara en segar la hierba bajo los pies de aquel que pueda suponer un obstáculo en su camino hacia la cima?
17. ¿Dirías que tienes más miramiento por la empresa o por tu jefe del que tienes por ti mismo y tu propio bienestar? Contrasta esta circunstancia con otras personas en caso de duda.
18. ¿No confraternizas con la opinión mayoritaria del grupo en el que estás inmerso? Dicho en otras palabras, ¿tu papel se asemeja al de un «disidente» (por otra parte, estás en tu derecho)?
19. ¿Se podría decir que de algún modo «estorbas» a la empresa (tus funciones ya no son tan necesarias como antes, ha entrado un familiar del jefe que ansía tus responsabilidades, eres madre con hijos pequeños y eso te obliga a algunos retrasos y ausencias, etc.)?
20. ¿Los clientes prefieren ser atendidos por ti antes que por tus compañeros o, peor todavía, mejor que por tu propio superior?
21. ¿La discriminación basada en el favoritismo es una práctica habitual en tu lugar de trabajo?
22. ¿Hay en ese mismo lugar una persona intrigante, envidiosa, dedicada a traer y llevar chismes o difundir falsos rumores o medias verdades, y dispuesta a estar «a bien» con el poder a costa de casi cualquier cosa?

23. ¿Ha intentado esa persona confraternizar contigo y no lo ha conseguido? ¿O quizá lo consiguió puntualmente pero por alguna razón la relación se rompió?
24. ¿Tienes mejor preparación académica y/o profesional que tu jefe inmediato?
25. ¿Alguien de tu entorno laboral cercano necesita que tú caigas en desgracia para tener el camino más despejado hacia el triunfo en la empresa?
26. ¿Eres en algún sentido (físico, personal, ideología, etc.) claramente distinto a los demás miembros de tu grupo laboral?
27. ¿Estás en un puesto de trabajo que de alguna manera dificulta tu relación social con el resto de tus compañeros?
28. ¿Tienes algo, por banal que pueda ser, que tu jefe o algún compañero con ascendiente en el grupo pueda envidiar o de hecho envidie?
29. ¿Has rechazado proposiciones de carácter sexual de tu jefe o de algún compañero con ascendiente dentro del grupo?
30. ¿Estás atravesando por un momento de problemas personales o familiares de importancia?

Por supuesto, los resultados de las preguntas que acabas de contestar no suponen una conclusión definitiva. Pero sí sirven para que reflexiones y te hagas una idea aproximada acerca de las posibilidades que tienes de ser acosado en tu trabajo. Si has obtenido:

- Entre 0 y 5 respuestas contestadas afirmativamente, tus posibilidades de ser acosado son bastante escasas. Parece que puedes estar tranquilo, aunque sin caer en el exceso de confianza.

- De 6 a 13 respuestas afirmativas, la situación requiere que estés en guardia, pues tienes una probabilidad de sufrir un acoso laboral que podríamos calificar de leve a moderada, según tu puntuación se encuentre en la parte baja o alta del intervalo.
- Entre 14 y 21 afirmaciones, tienes que estar alerta, con los ojos bien abiertos y analizar fría y objetivamente la situación, quizás incluso comentándola con alguien de tu confianza, pues tienes una alta probabilidad de ser objeto de un *mobbing*.
- Entre 22 y 30 respuestas afirmativas, se encienden todas las luces rojas. El peligro de que puedas sufrir *mobbing* es muy elevado, si no lo estás experimentando ya, lo cual es bastante probable.

Factores que predisponen para ser elegidos como víctima: el perfil de la víctima

Se ha discutido mucho acerca de si se puede hablar o no de la existencia de un «perfil de la víctima»: algunos autores se muestran claramente contrarios a la idea, mientras que otros la defienden. En realidad, que existan unos rasgos característicos no significa en modo alguno que sea culpa de la persona acosada por ser de tal o cual otra manera. Aquí cabe decir que los afectados por *mobbing* son, como dice en la película *El dilema* el personaje interpretado por Al Pacino, «gente normal bajo una presión anormal». Lo que ocurre simplemente es que todos tenemos nuestros puntos débiles y los acosadores, como ya hemos dicho, son personas manipuladoras, auténticos psicópatas muchas veces, y por tanto expertas en detectar y explotar los puntos flacos de los demás en beneficio propio.

Pero que quede bien claro: en ningún caso supone que alguna de las características de la víctima represente una excusa y mucho menos una justificación para el acoso.

Desde este punto de vista pensamos que se puede hablar de lo que denominamos el «perfil de la víctima», es decir, una serie de rasgos y características personales y de situación que confieren mayor vulnerabilidad e incrementan las posibilidades de llegar a ser agredido psicológicamente en el medio laboral.

En opinión de la mayoría de investigadores sobre el *mobbing*, cabría distinguir diferentes tipos de víctima:

- *Las personas demasiado competentes o que ocupan demasiado espacio*, es decir, las que destacan por su buen quehacer profesional, por su excelente preparación, por su popularidad entre los demás, por su elevada capacidad de empatía… lo que es visto por el acosador como una amenaza para sí mismo por el temor a que le haga sombra, puesto que él mismo carece de todo ello o lo posee en una clara proporción menor. Acordémonos de la mediocridad y la envidia que caracterizan al agresor. Piñuel y Zabala nos dice a este respecto en su obra *Mobbing: cómo sobrevivir al acoso psicológico en el trabajo*: «Las investigaciones sobre la personalidad y la manera de vivir de las víctimas del terrorismo psicológico en la empresa coinciden en señalar que los acosadores seleccionan casi siempre un mismo tipo o perfil de personas: aquellas cuyo modo de vivir, alegría, felicidad, situación familiar, capacidades, talentos, carisma, orientación ética, independencia, capacidad de liderar, popularidad, etc., despiertan en ellos, debido a sus profundos sentimientos de inadecuación (complejo de inferioridad), insoportables sentimientos de celos y envidia personal y/o profesional.

- *Las personas atípicas*, es decir, las que se distinguen por su diferenciación respecto a lo que es mayoritario en el grupo, las que son distintas por su aspecto, conducta, valores o actitudes. Los diferentes estudios de Leymann, Schuster y Adams también señalan esta característica en lo que podríamos denominar como perfil de la víctima.
- *Las personas que se resisten a adaptarse y someterse a la opinión y conducta mayoritaria del grupo*. Es decir, aquellas cuya conducta, valores, actitudes resultan molestos para la empresa y se resisten a adaptarse a la opinión mayoritaria.
- *Los que no son capaces de procurarse alianzas o una buena red de relaciones en el trabajo*. Se busca preferentemente a la persona que se encuentra aislada y, en el caso de que la víctima posea una buena red de relaciones sociales, uno de los primeros objetivos es romper ésta para así dejarla en solitario ante las constantes agresiones y humillaciones.
- *Los asalariados protegidos*, como las mujeres embarazadas, porque no gusta su baja por maternidad y se teme que no resulten ya tan entregadas a la empresa una vez tengan el hijo; y los trabajadores mayores de 50 años, cuyo salario es más elevado (por los trienios), su despido resulta más caro (por la indemnización) para la empresa y existe el prejuicio, sobre todo en determinadas profesiones, de que no son tan flexibes y competentes como los trabajadores más jóvenes.
- *Las personas menos «eficaces»*, es decir, aquellos empleados que resultan menos rápidos y menos capaces en el desarrollo de sus tareas, situación que acaba por provocar el acoso por parte de los superiores o de alguno de los compañeros menos tolerantes o menos flexibles hacia

aquellos que entorpecen el trabajo en equipo y disminuyen la productividad general.
- *Las personas temporalmente debilitadas*, ya sea por dificultades personales, como una enfermedad, o familiares (enfermedad grave o fallecimiento de un familiar, ruptura sentimental, etc.), lo que es aprovechado por el agresor para iniciar sus actividades de acoso o reforzarlas en el caso de que ya hubieran comenzado con anterioridad.
- *Los trabajadores que, en razón de sus quehaceres profesionales, trabajan solos,* porque se convierten en víctimas ideales para el acosador en razón de que no suelen contar con apoyos sociales ni existen testigos que pudieran presenciar los hechos de hostigamiento.
- *Las personas con algún tipo de minusvalía*. Resultan un objetivo fácil para depredadores morales por el hecho de ser más débiles que la mayoría, porque son distintos de los demás y porque, en ocasiones, resultan molestos para la empresa.
- *Las personas ingenuas y excesivamente optimistas* que tienen cierta aversión a aceptar el lado oscuro de la vida y de las demás personas, y se apuntan a la creencia de que «todo el mundo es bueno».
- *Las mujeres* que, sin que todavía se haya encontrado explicación al fenómeno, sufren más el acoso que los hombres, con un porcentaje en la mayoría de estudios de entre un 60-70 %. Por ejemplo, Hirigoyen encontró que había un porcentaje de mujeres acosadas de un 70 %, frente a un 30 % de hombres.
- *Los inmigrantes*, hacia los que se practica un tipo de acoso por motivos de raza o religión, lo que los convierte en alguien *distinto* del resto del grupo.

Para saber si lo que te pasa es *mobbing*

Si te encuentras muy mal en tu trabajo y tienes dudas acerca de lo que te ocurre, es posible que la realización de un cuestionario al respecto te ayude a despejar tus dudas. A continuación, te ofrecemos el siguiente, y te pedimos que lo contestes haciendo referencia o lo que te ha venido ocurriendo en el trabajo durante los últimos seis meses:

1. ¿Los trabajos que te asignan están por encima de tus competencias habituales?
   a) No, las tareas que te encargan se ajustan perfectamente a tus posibilidades y a lo que has venido haciendo últimamente en los últimos tiempos.
   b) Sí, constantemente te ves sobrepasado por el trabajo porque éste está muy por encima de tus capacidades.
   c) En algunas ocasiones te sientes desbordado por las tareas que te encomiendan, pero en general puedes sacarlas adelante, pidiendo algo de ayuda.

2. ¿Tu trabajo te permite mantener una relación fluida con el resto de tus compañeros?
   a) No, de un tiempo a esta parte has notado que te hacen el vacío y prácticamente nadie te habla.
   b) Sí, te relacionas con la mayoría de ellos sin ningún problema.
   c) Tu relación social con los demás trabajadores es algo limitada.

3. ¿Qué ocurre cuando haces alguna propuesta que piensas que puede resultar valiosa?

a) No te escuchan, incluso a veces te interrumpen para que no puedas realizarla.
b) Algunas veces son discutidas con argumentos de peso; otras, en cambio, son aceptadas y puestas en práctica.
c) Escuchan lo que propones, pero que tú recuerdes nunca se ha llevado a la práctica una proposición tuya.

4. ¿Te asignan tareas inútiles, ridículas o que están muy por debajo de aquello para lo que te contrataron?
a) Te mandan realizar trabajos sin valor o que están muy por debajo de tus funciones, lo que te hace sentir inútil.
b) No, el trabajo se ajusta generalmente a lo pactado en su momento.
c) Esporádicamente te encargan alguna tarea que no tiene demasiado valor o está por debajo de lo pactado en tu contrato de trabajo.

5. ¿Alguna vez se han burlado o comentado irónicamente acerca de tus orígenes, etnia, orientación sexual o creencias políticas o religiosas?
a) Nunca has escuchado comentarios de este tipo y te sientes bien integrado en el grupo.
b) Constantemente hay alguna persona que está ridiculizándote por alguna de estas cuestiones.
c) De tarde en tarde se habla del tema, pero sin que esto te haya hecho sentir marginado o excluido.

6. ¿Se ha ridiculizado o menospreciado tu forma de realizar el trabajo?

a) Constantemente alguna o varias personas están diciéndote que tu trabajo está mal realizado y dando a entender, o diciendo claramente, que no vales para nada.
b) Algunas veces, pero sin que eso se haya concentrado en un período corto de tiempo.
c) Nunca, en realidad sientes que por lo general tu trabajo es apreciado y se te tiene en cuenta como profesional.

7. ¿El volumen de trabajo que te encargan es claramente excesivo con relación al que le encargan al resto de tus compañeros?
   a) No, si se realiza un promedio, todos tenéis asignada más o menos la misma cantidad de trabajo.
   b) Tú eres la única persona del departamento que siempre está sobrecargada de trabajo.
   c) A veces tienes la sensación de que hay un cierto abuso de tu capacidad de trabajo.

8. ¿Te han dado a entender alguna vez que eres una persona inestable o tienes algún problema psicológico?
   a) Nunca nadie te ha mencionado esta cuestión en tu trabajo.
   b) Esporádicamente, alguien ha mencionado algo al respecto.
   c) Últimamente te lo están diciendo cada vez con una mayor frecuencia.

9. ¿Se han realizado comentarios hirientes y ofensivos acerca de tu vida privada?
   a) Alguna vez se ha comentado algo sobre tu vida privada, igual que acerca de la de los demás.

b) Sí, con frecuencia.

c) No es costumbre en tu trabajo hablar mal de los demás.

10. ¿Has tenido que coger la baja con cierta frecuencia por problemas psicológicos o psicosomáticos que se agravan con el trabajo y se alivian al dejar de acudir a él?
    a) Sí, y ése ha sido precisamente casi el único motivo de tus últimas bajas laborales.
    b) Nunca por ese motivo.
    c) No, aunque hay días que la perspectiva de acudir al trabajo te produce un claro malestar.

11. ¿Has echado a faltar algún objeto en tu puesto de trabajo o has encontrado desperfectos en él sin que eso le haya ocurrido al resto de tus compañeros?
    a) Alguna vez alguien se ha llevado algo y se lo ha quedado sin intención de devolvértelo, pero nada más.
    b) Sí, en alguna ocasión.
    c) No, eso nunca te ha ocurrido.

12. ¿Te parece probable que algún día al llegar al trabajo te encuentres con que han cambiado tu lugar de trabajo sin que nadie te haya comunicado nada al respecto?
    a) Te ha ocurrido ya o estás prácticamente esperándolo en cualquier momento.
    b) Consideras que eso es prácticamente imposible.
    c) No te ha ocurrido, pero si así fuera tampoco te sorprendería demasiado.

13. ¿Una o varias de las personas que trabajan contigo te insultan, te gritan, te amenazan, te dirigen «miradas asesinas» o tienen algún comportamiento similar a los descritos?
    a) A veces alguien ha lanzado un grito, una mala contestación o incluso algún insulto en días de mayor tensión de la habitual.
    b) Es la moneda corriente con la que te encuentras casi todos los días.
    c) Eso no ha ocurrido nunca, en tu trabajo todos mantenéis un trato correcto con los demás.

14. ¿Te han quitado las tareas que tenías encomendadas, de tal manera que estás condenado al ostracismo?
    a) Lo anterior describe exactamente tu situación actual en el trabajo.
    b) No, el volumen de tu trabajo es más o menos como siempre.
    c) Te han retirado alguna tarea de mayor responsabilidad, pero sigues con suficiente cantidad de trabajo.

15. ¿Qué ha ocurrido cuando en los últimos seis meses has solicitado una entrevista con tu superior?
    a) Te la ha concedido en un plazo de tiempo breve y ha escuchado lo que tenías que comunicarle.
    b) La ha ido posponiendo, pero finalmente has conseguido hablar con él, aunque consideras que no te ha dejado decir todo lo que pretendías.
    c) Por una u otra razón todavía no te ha recibido, o lo hizo, pero no te dejó decir prácticamente nada de lo que tú querías y por lo que habías pedido la entrevista.

16. ¿Con qué actitud acudes cada día al trabajo?
   a) Te resulta un tormento.
   b) Por regla general vas ilusionado, aunque te cueste un poco en alguna ocasión, como tras las vacaciones.
   c) Te desagrada la actitud de alguna o algunas personas hacia ti, y eso hace que tu actitud hacia el trabajo sea algo negativa.

Ahora que ya tienes todas las respuestas, márcalas con un círculo en el cuadro que te proporcionamos a continuación.

No hay *mobbing*	Riesgo de *mobbing*	Clara existencia de *mobbing*
1a	1c	1b
2b	2c	2a
3b	3c	3a
4b	4c	4a
5a	5c	5b
6c	6b	6a
7a	7c	7b
8a	8b	8c
9c	9a	9b
10b	10c	10a
11c	11a	11b
12b	12c	12a
13c	13a	13b
14b	14c	14a
15a	15b	15c
16b	16c	16a
Total: %	Total: %	Total: %

Cuanto más alto haya resultado el porcentaje de respuestas obtenidas en cada uno de los tres posibles supuestos, más cerca estás de que ésa sea tu situación real.

Si este cuestionario no resulta suficiente para disipar tus dudas acerca de si estás o no siendo objeto de *mobbing* en tu trabajo, existen otros tres instrumentos que son los que con mayor frecuencia se utilizan para evaluar esta posibilidad. Son los siguientes:

- LIPT (Leymann Inventory of Psychological Terrorization). Elaborado por Heinz Leymann en 1990, contiene 45 actividades de acoso laboral a las que se ha de contestar afirmativa o negativamente. Puedes encontrarlo en la siguiente dirección de Internet: <http://usuarios.lycos.es/cgtussam/archivos/boletines_juridicos/bol78.pdf>, en el apartado 10: «Las 45 preguntas de Heinz Leymann».

- Cuestionario Cisneros I© (Cuestionario Individual sobre Psicoterror, Negación, Estigmatización y Rechazo en Organizaciones Sociales), elaborado por el profesor Piñuel y Zabala. En su forma reducida consta de 43 comportamientos, en los que tienes que señalar con qué frecuencia se dan en tu caso personal, desde 0 = nunca a 6 = todos los días. Puedes encontrarlo en el libro de: Iñaki Piñuel y Zabala, *Mobbing. Manual de autoayuda*.
Una versión muy parecida de este cuestionario, aunque de respuesta dicotómica verdadero/falso, puedes encontrarla en Internet en: <http://www.mobbing.nu/questiopinuel.htm>

- LIPT-60. Es el cuestionario de Leymann en una versión modificada y adaptada al español por el doctor González de Rivera. Contiene 60 preguntas a las que se ha de contestar de acuerdo a los valores «sí», «no» o «a medias». Lo encontrarás en el libro de González de Rivera, José Luis, *El maltrato psicológico. Cómo defenderse del mobbing y otras formas de acoso*.

Los efectos del *mobbing* en la víctima

Los efectos del *mobbing* en la víctima son devastadores, llegando a provocarle cambios en sus actitudes y comportamientos de los que va a llevarle mucho tiempo recuperarse. Ya dijo Pavese que trabajar cansa, pero cuando se ha de trabajar entre gente incompetente, insegura y desalmada, trabajar agota. Su pensamiento es perfectamente aplicable al acoso laboral, y se queda todavía muy corto en muchos de los casos. En los más graves, llega a producir una desestabilización del sentido de la identidad personal que los afectados expresan diciendo algo parecido a «no parezco yo, no sé si alguna vez volveré a ser el mismo». Los síntomas que experimenta la víctima, tras haber sido sometida durante un tiempo a vejaciones, humillaciones y otro tipo de agresiones psicológicas, recuerdan a los que se producen en los trastornos ansioso-depresivos e incluso en los trastornos por estrés postraumático. De hecho, en los casos más graves, el *trastorno por estrés postraumático* resulta el diagnóstico más apropiado para la situación que experimenta el acosado. Como nos dice Martin Resch, gerente del Instituto de Psicología y Pedagogía Laboral de Seevetal (Alemania), refiriéndose al acoso, «puede compararse a un accidente grave o a un atraco».

Veamos a continuación lo que nos dice el Manual Diagnóstico y Estadístico de los Trastornos Mentales de la Asociación Americana de Psiquiatría sobre los criterios para diagnosticar un trastorno por estrés postraumático:

A. La persona ha estado expuesta a un acontecimiento traumático en el que han existido estas dos situaciones:
1) la persona ha experimentado, presenciado o le han explicado uno (o más) acontecimientos caracterizados por muertes o amenazas a su integridad;
2) la persona ha respondido con un temor, una desesperanza o un horror intensos.

B. El acontecimiento traumático es reexperimentado persistentemente a través de una (o más) de las siguientes formas:
1) recuerdos del acontecimiento recurrentes e intrusos que provocan malestar y en los que se incluyen imágenes, pensamientos o percepciones;
2) sueños de carácter recurrente sobre el acontecimiento, que producen malestar;
3) el individuo actúa o tiene la sensación de que el acontecimiento traumático está ocurriendo (se incluye la sensación de estar reviviendo la experiencia, ilusiones, alucinaciones y episodios disociativos de *flashback*, incluso los que aparecen al despertarse o al intoxicarse);
4) malestar psicológico intenso al exponerse a estímulos internos o externos que simbolizan o recuerdan un aspecto del acontecimiento traumático;
5) respuestas fisiológicas al exponerse a estímulos internos o externos que simbolizan o recuerdan un aspecto del acontecimiento traumático.

C. Evitacíón persistente de estímulos asociados al trauma y embotamiento de la reactividad general del individuo (ausente antes del trauma), tal y como indican tres (o más) de los siguientes síntomas:
1) esfuerzos para evitar pensamientos, sentimientos o conversaciones sobre el suceso traumático;
2) esfuerzos para evitar actividades, lugares o personas que motivan recuerdos del trauma;
3) incapacidad para recordar un aspecto del trauma;
4) reducción acusada del interés o la participación en actividades significativas;
5) sensación de desapego o enajenación frente a los demás;
6) restricción de la vida afectiva (por ejemplo, incapacidad para tener sentimientos de amor);
7) sensación de un futuro limitado (por ejemplo, no espera obtener un empleo, casarse, formar una familia o, en definitiva, llevar una vida normal).

D. Síntomas persistentes de aumento de la activación (*arousal*) (ausente antes del trauma), tal y como indican dos (o más) de los siguientes síntomas:
1) dificultad para conciliar o mantener el sueño;
2) irritabilidad o ataques de ira;
3) dificultad para concentrarse;
4) hipervigilancia;
5) respuestas exageradas de sobresalto.

E. Estas alteraciones (síntomas de los criterios B, C y D) se prolongan más de un mes.

F. Estas alteraciones provocan malestar clínico significativo o deterioro social, laboral o de otras áreas importantes de la actividad del individuo.

Quizá pueda parecer exagerado al lector poco impuesto en el tema, pero aquel que haya sufrido una situación de acoso psicológico grave, es decir, intensa y duradera, seguramente se verá reflejado en el contenido de las líneas de arriba.

Los efectos que en la víctima produce el *mobbing* se extienden a todas las esferas de la vida de la persona, de tal manera que se vive inmerso en él no sólo las ocho horas de jornada laboral, sino prácticamente las 24 horas del día. El maltrato psicológico siempre deja secuelas, a menos que haya sido muy poco intenso y de corta duración, y la persona que lo ha sufrido no sólo se siente mal físicamente, sino que sus emociones, actitudes, comportamiento, sus capacidades mentales, su vida social y familiar y aun incluso su economía va a verse afectada por ese hecho. En el nivel personal, los efectos se manifestarán tanto en su cuerpo como en su psiquismo, dado que ambos interactúan, se repercuten mutuamente, formando una unidad psicosomática.

Veamos a continuación los principales síntomas que suele producir una situación de acoso laboral:

Psicosomáticos:

- Dolores osteomusculares, sobre todo en las distintas zonas de la espalda.
- Dificultades para conciliar el sueño y mantenerlo. Despertar precoz con imposibilidad de reconciliar el sueño.
- Pesadillas repetitivas sobre las situaciones de acoso.
- Fatiga crónica.
- Dolores de cabeza.
- Molestias gastrointestinales (gastritis, náuseas, vómitos, colon irritable, etc.).
- Molestias o pinchazos en la zona torácica.

- Sensación de inestabilidad, mareos.
- Sensación de nudo en el estómago y/o en la garganta.
- Hipertensión arterial.
- Dificultades en la respiración, con sensación de ahogo y fatiga ante el más mínimo esfuerzo.
- Alteraciones en el apetito, que pueden manifestarse en un aumento o disminución del mismo.
- Disfunciones sexuales. Según una investigación realizada en 2003 por Alonso, Peris y Fuertes, de la Universidad de Málaga, el área sexual es una de las más afectadas en los casos de *mobbing*, en mayor número en los hombres que en las mujeres.

Emocionales:

- Ansiedad e irritabilidad, con posibles accesos de rabia y cólera.
- Tristeza.
- Sentimientos de culpa.
- Hipervigilancia. El individuo está en constante estado de alerta, incluso en ocasiones llega a mostrar una actitud paranoide, de sentirse perseguido.
- Evocación continua y obsesiva de las situaciones de acoso ocurridas en el trabajo, a veces incluso durante el sueño. El sujeto explica que «no me lo puedo quitar de la cabeza, estoy continuamente pensando en eso».
- Hipersensibilidad y susceptibilidad exagerada ante las críticas.
- Inseguridad.
- Frustración, desesperanza.
- Necesidad de evitar el lugar de trabajo y las personas relacionadas con él.

- Incapacidad para experimentar alegría en las situaciones cotidianas.
- Restricción en la vida afectiva.

Cognitivos:

- Dificultades de concentración, con facilidad para distraerse.
- Pérdida subjetiva de memoria.
- Pensamientos repetitivos sobre los hechos del acoso (palabras, miradas, gestos etc.) que no desaparecen a pesar de los esfuerzos del sujeto por controlarlos.
- Dificultad para la toma de decisiones.
- Actitud de indefensión aprendida: «Independientemente de cuál sea mi conducta, la situación no va a cambiar».

De comportamiento:

- Accesos de llanto.
- Aislamiento de los compañeros de trabajo.
- Afectación en los terrenos extralaborales, como la vida familiar, social y de ocio porque el sujeto ya no se siente bien consigo mismo y, por tanto, tampoco con los demás.
- Disminución en el rendimiento laboral y en la calidad del trabajo realizado. Esto viene a aumentar la desazón y la sensación de culpabilidad del trabajador afectado, a la par que sirve al acosador de nueva munición contra la víctima.
- Evitación del lugar de trabajo e incluso de los alrededores cercanos (cuando el sujeto no acude a él por estar de baja laboral).
- Conversación constante sobre el tema, dada su necesidad de expresar sus experiencias y sentimientos, y lo obsesionado que llega a estar con el tema.

- Consumo abusivo de alcohol y fármacos.
- En los casos severos, el individuo afectado puede llegar a desarrollar comportamientos suicidas, ya sea un intento de suicidio o un suicidio consumado. Ya Leymann estimó que en Suecia, en la década de 1990, un 15 % de los suicidios eran achacables al *mobbing*. En casi todos los países hay tristes ejemplos de este final; uno de los más sonados, por su repercusión en la prensa, fue el de una mujer médico del ejército alemán, en coma tras un intento de suicidio que llevó a cabo tan sólo unos días después de relatar en la prensa el acoso laboral que sufría por parte de sus superiores. En nuestro país, las estadísticas acerca de intentos de suicidio o suicidios consumados a consecuencia del acoso laboral están menos desarrolladas que en los países escandinavos, pero Iñaki Piñuel, en la presentación de las jornadas «Buenas prácticas para prevenir el *mobbing* en las organizaciones», celebradas en Madrid en septiembre de 2004, afirmó que unas 100.000 personas en España piensan a diario en quitarse la vida por el maltrato psicológico que sufren en su trabajo; un poco más tarde, en el I Congreso Nacional sobre *mobbing* en las Administraciones Públicas, aseguró que en nuestro país se habían producido unos 500 casos de suicidio relacionados directamente con el acoso laboral durante el año 2003.

En la vida familiar y social:

- Retraimiento respecto a los familiares, sobre todo cuando la víctima se siente poco comprendida y/o apoyada por ellos.
- Aumento de la tensión y conflictividad en el ámbito familiar debido al fuerte estrés que experimenta la víctima.

- Cansancio en la pareja y los hijos por «estar siempre oyendo hablar del mismo tema», lo que origina que la persona acosada se sienta culpable y se retraiga cada vez más.
- En ocasiones, se presentan problemas colaterales en el resto de los miembros de la familia, como alteraciones en la salud de la pareja y los hijos y fracaso escolar en estos últimos.
- Abandono de las amistades y las actividades de ocio.
- Problemas interpersonales dentro y fuera del hogar.
- En ocasiones, el acoso va todavía un poco más allá, y la persona agredida queda señalada negativamente en los círculos profesionales cercanos a aquel en el que ha desarrollado su trabajo, con lo que ve claramente reducida su probabilidad de encontrar empleo en el futuro. Además, y como se preguntan muchas de las personas gravemente perjudicadas por el acoso y que han decidido ya abandonar su actual puesto de trabajo, «¿qué referencias me darán?». La búsqueda de un nuevo trabajo por parte de Nevenka Fernández, explicada por Juan José Millás, nos sirve para ilustrar esta importante cuestión: «Por lo general, pasaba las pruebas preliminares, pero en el último filtro, cuando el jefe de personal o de recursos humanos veía el expediente y averiguaba que esa Nevenka Fernández era la misma que había llevado ante los tribunales al alcalde de Ponferrada por acoso sexual, le daban dos palmadas en la espalda y le deseaban suerte».

En la economía:

- Pérdida económica por la disminución de salario ocasionada por las bajas laborales.

- Gastos ocasionados por consultar a abogados, así como a médicos y psicólogos, si opta por acudir a consultas privadas en lugar de a los servicios públicos de salud.
- Permisos sin sueldo si su médico no le concede la baja y el sujeto se ve incapaz de acudir al trabajo.

Los efectos del *mobbing* en el acosador

Una pregunta que suelen hacerse las víctimas de acoso laboral, una vez están comenzando a recuperarse, es: «¿Sentirá algún remordimiento, se sentirá culpable?». Bueno, es difícil contestar a esto con un cien por cien de seguridad, pero teniendo en cuenta la personalidad psicopática que presentan la mayoría de agresores psicológicos, se puede contestar a esta pregunta con un NO, quizá no rotundo, pero sí muy probable.

Bien, ya sabemos que por lo general no experimenta remordimiento ni sentimientos de culpabilidad. Pero entonces, ¿cómo se siente el agresor?

El acoso le proporciona refuerzo positivo porque le supone sentirse menos mediocre e inseguro, y le sirve para encubrir ante sí mismo (e incluso en ocasiones ante los demás) sus cualidades negativas y su medianía, a la vez que le proporciona una sensación de valía que no puede —muy probablemente porque no ha aprendido a hacerlo— obtener por otros medios más adaptativos de comportamiento.

El acosador se siente, por otra parte, poderoso porque, al humillar y denigrar a otra persona, se ve así investido del poder de hacerlo. Siente su ego satisfecho porque, en el fondo, ésa y no otra es la razón de sus agresiones. Ni que decir tiene que se vivencia como mucho más influyente e importante que la víctima, objeto de sus vejaciones, pero también más que el resto de miembros del grupo que no han sido capaces de iniciar y liderar la operación de acoso y derribo que él ha perpetrado. Además, el agresor experimenta poder también ante la falta de respuesta del agredido, sensación que se ve reforzada por la colaboración que encuentra en otros miembros del grupo y por la ausencia de sanción por parte de sus superiores. Todo parece salirle a las mil maravillas.

Al haber conseguido destruir al objeto de su envidia, el acosador se siente liberado, aunque es muy posible que esa situación no se prolongue durante mucho tiempo. Más bien temprano que tarde, encontrará en otra persona aquellas cualidades que desea para sí y no posee, aquellas que le señalan su deficiencia, con lo que volverá a experimentar el aguijonazo de la envidia y, con ella, la necesidad de destrucción del objeto de la misma.

Se siente además redimido y redentor. Redimido porque no sólo se ha liberado de la envidia que experimentaba hacia la víctima anulándola, sino que el chivo expiatorio, el *azazel* de los hebreos, ha asumido, gracias a él y a sus malas artes, la culpa de todo el grupo y, por lo tanto y sobre todo, la suya, la del mismo agresor. Y también se ha convertido, en cierto modo, en el redentor, liberando a todos los demás, y sobre todo a él mismo, de su culpa. Los hostigadores más perversos puede incluso que piensen, en lo más profundo de su ser, que los demás deberían estarle agradecidos por «los servicios prestados».

¿Hay factores de empresa que favorecen el *mobbing*?

Joana Fornés Vives, catedrática de Enfermería Psiquiátrica y Salud Mental de la Universidad de las Islas Baleares, afirma en <www.um/es/eglobal/1/pdf/01e01.pdf>: «Aunque no hay situaciones o empresas específicas para que se dé el fenómeno, se apunta que éste aparece con más frecuencia en empresas grandes, de más de 50 empleados (especialmente universidades y hospitales) y empresas desorganizadas, con un organigrama poco claro y con muchos mandos intermedios. Aquellas empresas en las que no existe un diseño claro de promoción profesional o bien donde el acceso a puestos de responsabilidad y poder está sometido a procesos de votación personal, suelen ser caldo de cultivo para este tipo de agresiones».

Lo cierto es que el *mobbing* no puede existir si la dinámica de la organización no lo provoca en alguna medida o al menos lo tolera. Incluso puede decirse que existen determinadas características de la empresa que constituyen factores favorecedores e incluso desencadenantes del hostigamiento psicológico. El *mobbing* no se produce porque sí. Para que se origine y tenga posibilidades de desarrollarse, necesita de un sustrato adecuado, de ahí que en algunos tipos de empresa y sectores, como es el caso de la Administración pública, se produzca con mayor frecuencia.

¿Qué características de la empresa son las que fomentan una mayor proliferación de este fenómeno?

- La filosofía de que la competitividad de la organización, el rendimiento y el beneficio están por encima de todo lo demás, incluido el elemento humano.
- Una jerarquía burocrática rigurosa, como es el caso de la Administración pública.
- La existencia de unas competencias no suficientemente clarificadas o definidas entre los distintos profesionales.
- La estimulación de la competitividad entre los trabajadores como una manera de aumentar el rendimiento.

- Las prácticas de dirección abusivas, basadas más en el temor, en el autoritarismo y en los malos modos que en la comunicación libre y el fomento de las buenas relaciones personales entre todos los estamentos.
- La promoción profesional a través del amiguismo, en lugar de basarse en los méritos que cada uno aporta.

Las repercusiones del *mobbing* en el grupo y en la organización

Generalmente, nos encontramos con que las empresas muchas veces ponen poco empeño en erradicar el *mobbing* e incluso en reconocerlo cuando ya se está produciendo en su interior. Pero ¿por qué las compañías son tan reacias a reconocerlo? Porque lo perciben como algo que les hace ser cuestionadas y, por lo tanto, como un peligro para ellas. Es mucho más fácil negar los hechos o darles una interpretación sesgada y tergiversada: la víctima, una vez convertida en cabeza de turco, es la culpable por «estar loca», «ver ataques donde no los hay» o «inventarse los hechos». Para la organización, resulta mucho más tolerable eso que reconocer la perversidad del acoso, que en tantas ocasiones no es sino el reflejo de la perversidad del sistema que lo ha originado y albergado. El planteamiento que se hace entonces es más o menos el siguiente: ¿por qué no sacrificar a un miembro del grupo cuando es «en beneficio» de la mayoría?

Pero las cosas no son así de simples, porque cuando una situación de este tipo se produce, todos salen perdiendo. La ironía, la paradoja está en que la organización, queriendo salvaguardarse, también sale perjudicada con el acoso, de ahí que todavía se entienda menos que no utilice los medios necesarios para prevenir y abolir en su seno esas maneras de actuar tan depravadas.

La empresa en la que se produce el acoso no sólo se convierte en inmoral —lo que, con ser grave, no importa a muchas de ellas—, sino que esa circunstancia trabaja contra la misma esencia de su existencia: productividad y beneficio. Y eso es así porque estamos hablando de una situación que no afecta tan sólo a la persona identificada como víctima, sino a todo el grupo en cuyo interior tienen lugar estos hechos. Así, la fácil y fluida comunicación, tan necesaria en la mayoría de las empresas, sobre todo si se basa en la importancia del trabajo en equipo, se ve alterada gravemente, lo que no deja de tener sus repercusiones negativas no sólo en la dinámica grupal, sino, insistimos, en la esencia misma de toda organización empresarial: obtener productividad y conseguir beneficio.

Pero entrando ya en el terreno de lo concreto, ¿en qué resulta nocivo para una estructura organizativa las situaciones de hostigamiento psicológico? Dos son al menos los perjuicios que se nos ocurren, ambos intrínsecamente relacionados. Por un lado, el deterioro respecto al rendimiento laboral. Por otro, el quebranto en el clima laboral. Veámoslo con algún detalle:

- *Efectos en el rendimiento laboral*

    Para comenzar, el *mobbing* tiene irremediablemente como efecto una disminución del rendimiento de la persona afectada, cuando no se ve totalmente anulada porque se encuentra obligada a coger la baja. Eso poco puede importar si los hechos se producen en una gran empresa con cientos de empleados. Pero es que resulta que los efectos sobre la productividad no se limitan a ese único individuo. Dado que se ha dañado la comunicación y la colaboración entre los distintos miembros del grupo, así como la motivación, no es de extrañar que se rinda menos. ¿Se puede trabajar igual en cantidad y en calidad en un ambiente laboral en el que reina la tensión, la ocultación de información y la intriga que cuando se trabaja en un clima de confianza y codo a codo entre los distintos compañeros? ¿Pueden estar igualmente motivados los trabajadores en uno y otro caso? Obviamente no, y eso es algo que sin duda deberían tener en cuenta las empresas como un fuerte motivo para estar interesadas en prevenir las prácticas de acoso laboral.

- *Consecuencias en el clima laboral*

Dado que los dos efectos perniciosos del *mobbing* en las empresas están intrincadamente unidos, algo hemos dicho ya de este problema al hablar del anterior. El ambiente laboral se ve perjudicado porque se altera la comunicación y el clima de colaboración entre los trabajadores. Se rompe así una buena baza para combatir el estrés: el soporte social, de tal manera que el grupo se ve desprovisto de un arma con el que prevenirlo y afrontarlo mejor. El estrés, con todas sus secuelas negativas, aparece con mucha mayor probabilidad en el ambiente enrarecido y nocivo en el que tiene lugar el hostigamiento psicológico.

¿Se produce el *mobbing* únicamente en el ámbito laboral?

Si bien en los últimos años es el acoso psicológico en el trabajo el que está acaparando la atención, lo cierto es que este fenómeno puede producirse en cualquier entorno donde existan relaciones interpersonales. Es decir, entre un grupo de amigos, en una comunidad de vecinos, en una escuela, entre un equipo que se reúne semanalmente a jugar un partido, etc.

Recientemente, se ha comenzado a hablar en nuestro país de *mobbing* en otros dos ámbitos distintos al laboral: el acoso entre niños en el medio escolar y el que tiene lugar hacia algunos inquilinos «molestos» por parte de sus caseros.

Acoso escolar

El triste caso del suicidio de Jokin, un adolescente de 14 años de Hondarribia, tras haber sido maltratado física y psicológicamente durante un curso por sus compañeros de clase, ha sido el fatal detonante para que se tomara conciencia de un fenómeno que viene ocurriendo desde hace mucho tiempo: el acoso escolar o lo que los anglosajones denominan como *bullying* (de *to bully*, intimidar con gritos o amenazas, maltratar a los débiles, fanfarronear).

Ya en el año 2000, el Defensor del Pueblo alertaba sobre este grave problema en el informe *Violencia escolar: el maltrato entre iguales en la Educación Secundaria Obligatoria*, basado en una encuesta realizada a 3.000 escolares y sus jefes de estudio en 300 centros públicos y concertados de toda España. En la presentación de este estudio en el Congreso de los Diputados, Enrique Múgica afirmó que en los centros escolares «se producen de manera constante y reiterada actitudes y comportamientos violentos, mayoritariamente entre los propios alumnos, que es preciso erradicar», añadiendo que «el aula, los patios de recreo, los pasillos, los aseos y los alrededores del centro educativo son con una frecuencia indeseable escenario habitual de episodios violentos, en los que hay agresores, víctimas y testigos que en alguna medida, algunas veces muy intensa, quedan marcados por ellos con el consiguiente deterioro de su desarrollo personal y social». Puede consultarse el informe del Defensor del Pueblo en <www.defensordelpueblo.es> clicando en «Informes y documentos», después en «Informes monográficos» y allí buscar «Violencia escolar: el maltrato entre iguales en la educación secundaria».

Un estudio posterior, elaborado a partir de cuestionarios realizados a más de 11.000 alumnos por IDEA (Instituto de Evaluación y Asesoramiento) y dado a conocer en 2003, proporciona una idea todavía más alarmante de la verdadera magnitud y gravedad del problema: un 49 % de los chavales manifiesta haber sido criticado e insultado (33,8 % en el informe del Defensor del Pueblo) y un 12 % ha sido objeto de agresiones físicas (4,1 % en el anterior estudio).

Según la psicóloga Ana Martos Rubio, autora de la obra *¡No puedo más! Las mil caras del maltrato psicológico*, el acoso escolar, también llamado «matonismo» o acoso entre iguales «consiste en intimidar a un compañero de clase […] El matón intimida y aterroriza a la luz del día, haciendo alarde ostentoso de su fuerza, su poder o su autoridad de chulo. Su objetivo es ése, demostrar que puede más que nadie y que puede destruir a quien le caiga mal o a quien decida acobardar arbitrariamente. La víctima puede ser cualquiera, generalmente alguien débil».

Los devastadores efectos del acoso escolar en la víctima los podemos comprobar, a título de ejemplo, a través del desgarrador testimonio de G., un chaval de 16 años que padece acoso escolar desde hace mucho tiempo:

> Todo empezó hace unos años, cuando empecé a tener mis ideas claras y a tener una forma particular de vestir. Al principio sólo

eran miradas de desprecio hacia mí, risas. Poco a poco, ellos empezaron a tener unas ideas contrarias a las mías. Luego ya se llegó a palabras como «¡guarro!», «hijo de puta», «¡rojo de mierda!», etc. Y los dos últimos dos años han sido ya collejas (golpes en la nuca) todos los días en el autobús de camino al instituto, amenazas cada vez más fuertes, algún tortazo, incluso una vez un cabezazo.

Las amenazas eran del tipo de «te vamos a matar», «luego te voy a pegar», «voy a arrancarte ese *piercing* de cuajo», «voy a pegarte hasta que te salga sangre por todos los sitios», «aquí van a caer muchos dientes», etc.

Cada cosa que pasaba (por ejemplo, un destrozo, una pintada, etc.) la culpa era siempre mía y de mis amigos, pero sobre todo mía. Mis amigos y yo hemos sido siempre los diferentes en donde vivo, la escoria.

Cuando me hacían o decían cosas yo sentía miedo. He tenido muchas veces miedo a ir al instituto e incluso a salir a la calle. He sentido impotencia al ver que no podía hacer nada ni defenderme. Si uno se metía conmigo o me hacía algo y yo le respondía sabía que no iba a ser él sólo el que luego me respondiese otra vez. También he sentido ganas de que muriesen [...] y de que sufriesen como yo. Lo último que me pasó fue una agresión grave hace tres semanas, aún sigo mal y aún queda hasta que me cure (Fuente: <www.stecyl.es/prensa/041004_ep_maltrato_iguales.htm>).

Aquí podemos comprobar la diferenciación que hace Rosario Ortega, catedrática de Psicología del Comportamiento de la Universidad de Córdoba y coordinadora del libro *Educar la convivencia para prevenir la violencia*, entre dos grados de acoso escolar: «El que consideramos blando, como los motes o extorsiones, dura poco tiempo y resulta menos grave. Puede afectar entre a un 5 y un 25 % de los escolares, a tenor de los estudios que se han realizado en distintos países». Corresponde al que sufre G. en los primeros tiempos. El acoso duro, como el de G. últimamente, lo sufre «entre el 2 y el 8 % de los escolares a nivel global». Es este nivel de acoso el que «puede provocar que el niño tome decisiones dramáticas, si no encuentra una vía de escape». Desgraciadamente, esa advertencia se hizo realidad en nuestro país en septiembre de 2004, recién empezado el curso escolar, cuando Jokin, no pudiendo soportar más la situación que amenazaba con ser una reedición de las palizas y vejaciones sufridas el curso anterior, decidió quitarse la vida. Aun cuando las consecuencias no lleguen a ser fatales, en cualquier caso pueden considerarse graves, pues hay que tener en cuenta que el *bullying* es utilizado por y contra personas que no están plenamente desarrolladas desde el punto de vista psicológico, lo que hace que muchas de ellas queden irremediablemente marcadas para toda su vida.

Las consecuencias del acoso escolar parecen ser todavía más dramáticas en otros países de nuestro entorno cultural. Baste decir que Neil Marr y Tim Field, en su obra *Bullycide: Death at play time*, afirman que al menos 16 niños se suicidan cada año en el Reino Unido debido al acoso de que son objeto por parte de sus compañeros de clase. Puede encontrarse más información sobre el tema en <www.bullyonline.org/schoollbully>.

Las partes implicadas en el acoso escolar se resisten —al igual que ocurre en el acoso laboral— a afrontar el problema. El chaval que lo sufre, por no parecer el «acusica» y por vergüenza e incluso culpabilidad de lo que le está ocurriendo; los compañeros que lo observan de manera pasiva, por temor hacia la banda de matones y por no querer aparecer como los «chivatos»; los profesores, porque les parece inconcebible que esas cosas puedan suceder en la escuela donde ellos desarrollan su labor educativa; y los padres porque generalmente el chaval no cuenta nada en casa y, si en algún caso hace algún comentario, no acaban de entender la gravedad del asunto.

Vuelve a repetirse la historia de que todos nos resistimos a afrontar la verdad, a creerla tal cual es, porque hacerlo significa que se caen los cimientos sobre los que hemos edificado nuestro mundo, que se derrumban nuestras certidumbres. Es preferible utilizar nuestros mecanismos de defensa y pensar que «esas cosas no pasan».

Acoso inmobiliario

En cuanto al *mobbing* inmobiliario, la voz de alerta no ha partido, como pudiera pensarse, del entorno de la psicosociología, sino de los medios jurídicos. Existen ya dos precedentes que pasamos a explicar a continuación.

El primer caso se produjo en Barcelona, dando lugar a la presentación en noviembre de 2003 de la primera querella en nuestro país, que si bien en primera instancia no fue admitida a trámite (en el Juzgado de Instrucción nº 17), posteriormente se presentó un recurso y fue admitido por la Sección Octava de la Audiencia de Barcelona, desde donde se argumenta que la conducta e intención del propietario del inmueble podría responder a un «unitario y deliberado propósito de forzar la voluntad del arrendatario hasta conducirle, por puro cansancio, a resolver el contrato de arrendamiento que los liga, ahorrándose el arrendador la indemnización». Los hechos son los siguientes, según la noticia extraída de <www.amics21.com/pladeponent/nuevo-foro//messages/740.html>:

> La querellante, de 75 años, es titular, junto con su marido ya fallecido, de un contrato de alquiler indefinido por un piso situado en el Casco Antiguo de la ciudad, suscrito en 1936 por su padre, y por el que paga en la actualidad una cantidad de 40 euros

al mes. La relación entre ambas partes se desenvolvió con normalidad mientras la propiedad del inmueble estuvo en manos del padre del actual arrendador. Pero, al cambiar la titularidad al hijo y especialmente en los últimos meses, la situación se ha hecho insostenible. «El edificio presenta un estado lamentable, con incontables grietas y está invadido por las cucarachas y las ratas que habitan en los pisos ya desalojados y que el propietario ha tapiado sin antes limpiarlos», nos explican en la ya citada página web.

Al parecer, no es éste ni mucho menos el único caso de *mobbing* inmobiliario acaecido en la Ciudad Condal. Es algo tan frecuente que su Ayuntamiento ha decidido tomar cartas en el asunto, disponiendo un plan de lucha contra este tipo de comportamientos, en el que ofrece a las víctimas asesoramiento jurídico e información sobre los recursos disponibles a través de la Oficina Municipal de Atención al Consumidor e incluso contempla la posibilidad de presentarse como acusación particular en los casos más graves.

El caso que ha originado la segunda querella por hostigamiento psicológico inmobiliario admitida ha tenido lugar en Guecho (Vizcaya). Se trata en esta ocasión de la casa Tangora, un edificio de tres viviendas, situado en el barrio de Neguri. A continuación contamos los hechos según son narrados en <http://mobbingopinion.bpweb.net/artman/publish/article_660.shtml>:

> Hace algo más de un año, un empresario compró un piso de los tres que integran el edificio, al parecer con la intención de hacerse con la propiedad de las dos viviendas restantes. El inquilino del primer piso se negó a vender, y fue entonces cuando co-

menzaron los problemas. El empresario comprador alquiló, a 30 de julio de 2003, su vivienda por el precio simbólico de 1 euro a una familia de etnia gitana de 30 miembros que hasta entonces había vivido en una furgoneta. Comenzaron a producirse inundaciones (de hasta 30 l/h) que destrozaron el piso y los muebles de los vecinos de abajo, la basura y otros desechos se tiraban por la ventana y quedaban en el jardín comunitario, y el resto de inquilinos eran objeto de amenazas y robos. Tras un año de pesadilla y más de 40 denuncias, al fin los acongojados vecinos consiguieron que un juez les diera la razón, argumentando éste que los imputados estaban «ejecutando un plan sistemático de acoso contra sus vecinos». En concreto, se le imputó al propietario un delito de inducción al robo y daños, de los que acusa a sus inquilinos. Como medidas cautelares, este juez ordenó la entrega de una «credencial de víctima» a los vecinos afectados, así como el desalojo de tres de los 30 inquilinos del piso propiedad del empresario, junto con la prohibición de acercarse a menos de 500 m de los vecinos denunciantes. Además, el magistrado expresa en la sentencia su interés por «erradicar de cuajo cualquier intento de implantar en España las prácticas de acoso inmobiliario, que tanto se estilan en otros países».

Ante el interés que últimamente está suscitando la cuestión, parece necesario proporcionar una definición de lo que es el *mobbing* inmobiliario. Como ya hemos podido ver a través de los casos citados, se trata de la presión intencionada y malévola que realiza el propietario de un inmueble sobre los inquilinos o propietarios de los edificios que han comprado en su totalidad o casi totalidad para que éstos, que por lo general pagan alquileres de renta antigua de escasa rentabilidad o no quieren vender, acaben por abandonar sus casas. Esta presión se realiza a través de distintas maniobras encaminadas a hacer la vida más difícil de los arrendatarios o propietarios, como dejar de pagar los recibos de electricidad de la escalera para que se corte la luz; dar paso a inquilinos conflictivos; dejar los grifos abiertos de los pisos deshabitados para que se produzcan inundaciones y destrozos en el resto de las viviendas, que luego el propietario no se encarga de arreglar; o decir que, con el cambio de administración, los recibos de alquiler se pagarán cada tres meses, cuando lo cierto es que ése es precisamente el plazo de impago que el propietario necesita para poder iniciar un trámite de desahucio y echar del piso al inquilino, que es su fin último.

Como podemos ver, la situación tiene una escalofriante similitud con el acoso psicológico en el trabajo. Hay una intencionalidad por parte, en este caso, del propietario-acosador; se producen unas acciones que procuran minar psicológicamente a las víctimas, y existe un objetivo último que es la eliminación de la persona del edificio. La situación es todavía más terrible si tenemos en cuenta que muchas de las víctimas de psicoterror inmobiliario son personas de edad avanzada y con escasos recursos personales y materiales para enfrentarse a sus agresores.

Unas palabras para el acosador

No parece oportuno dejar este tema sin intentar dirigir unas palabras al acosador, a cualquier acosador. Es poco probable que cualquiera de ellos llegue a leerlas, pero aunque sólo fuera uno, merecería la pena intentarlo.

Me dirijo a ti, acosador, que tanto daño estás haciendo gratuitamente. Comprendo que lo haces desde tus más ocultos temores, que tú también has sido víctima (de tus circunstancias, de la educación recibida y, quién sabe, quizá de falta de atención y cariño en tus primeros años). Si se produjo así, eso no estuvo bien, y estás acertado al pensar que se cometió contigo una injusticia. Pero una injusticia, por grande que sea, no justifica ni disculpa la comisión de otra. Y es posible que sea eso lo que tú inconscientemente estás haciendo: vengar actos pasados en alguien que nada tuvo que ver con ellos, en un inocente cuya única responsabilidad ha sido poner en evidencia tus carencias o, dicho en otras palabras, que él posee aquello que a ti te gustaría y no puedes, porque sencillamente no todos tenemos las mismas características ni hemos aprendido las mismas habilidades. Pero tienes otras: eres astuto, tienes la cualidad de captar cómo son las personas a las primeras de cambio, etc. Harás bien en aprovecharlas en tu beneficio pero, por favor, hazlo sin avasallar a nadie. Procura antes que nada no dejar ningún cadáver psicológico en tu camino. Es posible que hasta ahora te haya salido bien, pero créeme, más tarde o más temprano, si lo sigues haciendo, acabará por volverse en tu contra. De hecho, y aunque tú no seas consciente de ello, ya actúa en perjuicio tuyo: ¿acaso ahora eres feliz?, ¿acaso te sientes a gusto contigo mismo?

Respecto a tu lado oscuro, el de tu inseguridad disfrazada de prepotencia, la envidia malsana, etc., es preferible que lo asumas. Todos tenemos defectos, incluso nuestra parte negativa. Tú no tienes por qué ser una excepción a este hecho. Pero no tienes por qué aceptarlo sin más. Desde la asunción de ese lado desfavorable, puedes intentar cambiarlo por tu propio bien y el de los que te rodean. Pide ayuda e inténtalo. Créeme, todos te lo agradeceremos, y más que nadie aquellos que trabajan codo a codo contigo.

2

Cómo obrar ante el *mobbing*

A quién acudir

En un abordaje adecuado del *mobbing* se trata prioritariamente de conseguir dos objetivos:

- Por un lado, reparar el daño que el acosador ha causado a la víctima con su hostigamiento y sus malas artes.
- En segundo lugar, y tan importante o más que lo primero, hay que intentar por todos los medios que la situación de acoso no vuelva a reproducirse, pues no hacemos nada con «reparar» para que, una vez la persona vuelva a reincorporarse a su puesto laboral, vuelvan a dañarla.

No obstante, la diferenciación en la práctica real no es tan sencilla, pues el segundo propósito se consigue en parte a través de la consecución del primero. Es decir, haciendo que la víctima tome conciencia de lo que le ocurre, dotándole de una mayor capacidad de afrontamiento y manejo del estrés, mejorando su autoestima y asertividad, etc. Todo eso puede hacerlo por ti un psicólogo con experiencia en estos temas. Pero es obvio que eso, con ser de suma importancia, no es suficiente para que a la vuelta al puesto de trabajo no se produzca un «y vuelta a empezar con lo mismo». Por eso, porque el logro pleno del segundo objetivo —que consideramos imprescindible— escapa a la labor de un psicólogo, es por lo que creemos necesaria la intervención de otras instancias y profesionales. Y es por este motivo por el que debes acudir también a ellos. Ahora bien, ¿a quién, adónde?

Son varios los profesionales y lugares donde puedes solicitar ayuda. Cada uno de ellos te prestará una ayuda y un servicio algo diferente. Te los enumeramos a continuación:

- Instancias sanitarias: psicólogo, psiquiatra, médico de atención primaria y/o médico de empresa.
- Servicio de Prevención de Riesgos Laborales de la empresa en la que trabajas.
- Inspección de Trabajo. En el último capítulo encontrarás un modelo sobre cómo denunciar los hechos ante esta instancia. No obstante, para los funcionarios de la Administración pública, la denuncia ante este organismo puede resultar bastante inútil si nos atenemos a la información aparecida en *El Periódico de Cataluña* del 1 de septiembre de 2003 y firmada por Antonio Fuentes: «El Ministerio de Trabajo ha ordenado a sus inspectores que no investiguen las denuncias de acoso psicológico (*mobbing*) presentadas por los funcionarios. El Gobierno asegura que estas reclamaciones "habrán de ser devueltas al denunciante", al que se informará de que puede pedir daños y perjuicios a través de un contencioso administrativo [...] Al tratarse de un problema en la relación laboral regulada en el Estatuto de los Trabajadores, los funcionarios quedan excluidos. La única vía para pedir la intervención de los inspectores de Trabajo era alegar

que el acoso perjudicaba la salud por las frecuentes depresiones».
- Un sindicato (a través o no de los delegados sindicales o del comité de empresa) y/o un abogado laboralista o, cuando menos, el servicio de asesoría legal de una asociación de autoayuda contra el *mobbing*. A través de ellos obtendrás información acerca de tus derechos, cuáles son las diferentes acciones que puedes emprender y cuáles son los posibles riesgos que asumes con cada una de esas opciones. Cada caso personal y cada empresa son distintos y en cada situación convendrá o no obrar de un modo determinado. No es lo mismo trabajar en una organización privada que en la Administración pública, en una multinacional que en una pequeña empresa familiar, llevar veinte años de antigüedad en la empresa o tan sólo unos meses, o que el tipo de acoso sea horizontal, vertical descendente o vertical ascendente. En la elección de un abogado, pon sumo cuidado: vigila que tenga experiencia en casos de *mobbing*; que sea alguien con quien te sientes a gusto; te inspira confianza y percibes que él a su vez cree en ti; y que realmente entiende tu situación. Especialmente en el caso de que pienses en acudir a los tribunales, es posible que te espere una larga travesía por el desierto, y en ella él será tu principal compañero.

El *mobbing* y el marco legal

En nuestro país, al contrario de lo que sucede en los países nórdicos desde hace ya algunos años y en un número creciente de países europeos, no existía una norma legal que contemplase de manera explícita el acoso psicológico en el trabajo y protegiera a las víctimas de sus agresores, lo que sí sucede, en cambio, con el acoso sexual. Esta situación parece que comienza a cambiar con la entrada en vigor de la Ley 62/2003 de 30 de diciembre de Medidas Fiscales, Administrativas y del Orden Social, que en su Título II *De lo social*, capítulo III sobre «Medidas para la aplicación del principio de igualdad de trato», modifica algunos artículos del Estatuto de los Trabajadores, añadiendo además un nuevo párrafo al artículo 54.

No obstante, y desde nuestro punto de vista, la iniciativa legislativa, aunque loable, resulta todavía demasiado tímida, ya que no resuelve los principales problemas planteados: la ausencia de una definición jurídica de acoso psicológico que sirva de punto de referencia y la consideración de aquél como enfermedad laboral. Esperemos que la situación actual se modifique si llega a prosperar la iniciativa que el grupo parlamentario socialista está ultimando para presentar ante el Congreso de los Diputados.

Sin embargo, y contando con la normativa legislativa que tenemos hasta este momento, las víctimas no se encuentran en una situación de indefensión, pues sí hay en el ordenamiento jurídico material para luchar contra el *mobbing*, como lo prueba el creciente número de sentencias favorables a las víctimas que se están produciendo y que, poco a poco, van sentando jurisprudencia. Para no cansar al lector, citaremos tan sólo dos ejemplos de los numerosos que existen:

- Sentencia de 10 de mayo de 2002 del Juzgado de lo Social nº 4 de Jaén contra la Universidad de Jaén por acoso laboral a uno de sus trabajadores, ratificada por el Tribunal Superior de Justicia de Andalucía, subrayando que el demandante «ha sufrido un comportamiento que se ajusta

plenamente a la definición de *mobbing*: la situación en que una persona o grupo de personas ejerce una violencia psicológica extrema, de forma sistemática, durante un tiempo prolongado, sobre otra persona en el lugar de trabajo».
- Sentencia de 27 de enero de 2004 del Juzgado de lo Social nº 7 de Granada, ratificada también posteriormente por el Tribunal Superior de Justicia de Andalucía, donde además se reconocía la baja por acoso laboral como accidente de trabajo, subrayando este tribunal que «existió una presión laboral que motivó el proceso patológico de la médico».

Ahora bien, ¿qué herramientas legales existen en nuestro ordenamiento para protegernos del hostigamiento psicológico en el trabajo?

Para empezar, en la Constitución Española de 1978 se recogen tres derechos fundamentales contra los que atentan las acciones constitutivas de acoso:

- *El derecho a la dignidad*. Cuando en el artículo 10.1. nos dice: «La dignidad de la persona, los derechos inviolables que le son inherentes, el libre desarrollo de la personalidad, el respeto a la ley y a los derechos de los demás son fundamento del orden público y de la paz social».
- *El derecho a la integridad física y moral*. El artículo 15 de la Constitución nos dice: «Todos (los españoles) tienen derecho a la vida y a la integridad física y moral, sin que, en ningún caso, puedan ser sometidos a tortura ni a penas o tratos inhumanos o degradantes…».
- *El derecho al honor, a la intimidad personal y a la propia imagen*, contemplado en el artículo 18.1.: «Se garantiza el derecho al honor, a la intimidad personal y familiar y a la propia imagen».

Además, y ya dentro de la legislación más estrictamente laboral, tenemos el Estatuto de los Trabajadores, la Ley de Prevención de Riesgos Laborales (LPRL) y la Ley General de la Seguridad Social (LGSS):

Estatuto de los Trabajadores:

- Artículo 4, donde en su punto 2 se especifican los derechos de los trabajadores en su relación de trabajo, explicitando: «A no ser discriminados directa o indirectamente para el empleo, o una vez empleados, por razones de sexo, estado civil, edad dentro de los límites marcados por esta ley, origen racial o étnico, condición social, religión o convicciones, ideas políticas, orientación sexual, afiliación o no a un sindicato, así como por razón de lengua, dentro del Estado español. Tampoco podrán ser discriminados por razón de discapacidad, siempre que se hallasen en condiciones de aptitud para desempeñar el trabajo o empleo de que se trate. Tampoco podrán ser discriminados por razón de disminuciones físicas, psíquicas y sensoriales, siempre que se hallasen en condiciones de aptitud para desempeñar el trabajo de que se trate» (punto 2.c.). «A su integridad física y a una adecuada política de seguridad e higiene» (punto 2.d.). «Al respeto de su intimidad y a la consideración debida a su dignidad, comprendida la protección frente a ofensas verbales y físicas de naturaleza sexual y frente al acoso por razón de origen racial o étnico, religión o convicciones, discapacidad, edad u orientación sexual» (punto 2.e.).
- Artículo 17 en lo referente a la no discriminación en las relaciones laborales, expresando en su punto 1: «Se entenderán nulos y sin efecto los preceptos reglamentarios,

las cláusulas de los convenios colectivos, los pactos individuales y las decisiones unilaterales del empresario que contengan discriminaciones directas o indirectas desfavorables por razón de edad o discapacidad o favorables o adversas en el empleo, así como en materia de retribuciones, jornada y demás condiciones de trabajo por circunstancias de sexo, origen, incluido el racial o étnico, estado civil, condición social, religión o convicciones, ideas políticas, orientación sexual, adhesión o no a sindicatos y a sus acuerdos, vínculos de parentesco con otros trabajadores en la empresa y lengua dentro del Estado español. Serán igualmente nulas las decisiones del empresario que supongan un trato desfavorable de los trabajadores como reacción ante una reclamación efectuada en la empresa o ante una acción judicial destinada a exigir el cumplimiento del principio de igualdad de trato y no discriminación».

- Artículo 50 en lo referente a la extinción del contrato de trabajo por voluntad del trabajador, en el que se especifica en su punto 1 a) que «las modificaciones sustanciales en las condiciones de trabajo que redunden en perjuicio de su formación profesional o en menoscabo de su dignidad», serán, entre otros motivos, causa justa para que el trabajador demande la extinción de contrato con derecho a las indemnizaciones señaladas para el despido improcedente.
- Artículo 54 sobre el despido disciplinario, en el que en su apartado g se especifica como incumplimiento contractual: «El acoso por razón de origen racial o étnico, religión o convicciones, discapacidad, edad u orientación sexual al empresario o a las personas que trabajen en la empresa».

Ley de Prevención de Riesgos Laborales:

- En el punto 1 de su artículo 14 se especifica: «Los trabajadores tienen derecho a una protección eficaz en materia de seguridad y salud en el trabajo».

Ley General de la Seguridad Social:

- Artículo 115, donde en su punto 2.e. se considera como accidente de trabajo «las enfermedades que contraiga el trabajador [...] como motivo de la realización de su trabajo, siempre que se pruebe que la enfermedad tuvo como causa exclusiva la ejecución del mismo».

Finalmente, y si acudimos al Código Penal, encontramos que algunas de las acciones constitutivas de acoso laboral y sus efectos son considerados como delito, aunque aquél no esté mencionado de manera explícita. El listado de artículos resulta bastante extenso:

- Artículos 147 a 149 *sobre las lesiones*, especialmente el primero de ellos, que dice: «El que, por cualquier modo o procedimiento, causare a otro una lesión que menoscabe su integridad corporal o su salud física o mental, será castigado como reo del delito de lesiones con la pena de prisión de seis meses a tres años, siempre que la lesión requiera objetivamente para su sanidad, además de una primera asistencia facultativa, tratamiento médico o quirúrgico. La simple vigilancia o seguimiento facultativo del curso de la lesión no se considerará tratamiento médico».

- Artículos 169 a 171 *sobre las amenazas*. El artículo 169 especifica: «El que amenazare a otro con causarle a él, a su familia o a otras personas con las que esté íntimamente vinculado un mal que constituya delitos de homicidio, lesiones, aborto, contra la libertad, torturas y contra la integridad moral, la libertad sexual, la intimidad, el honor, el patrimonio y el orden socioeconómico, será castigado….».
- Artículos 173 a 177 *sobre las torturas y otros delitos contra la integridad moral*, siendo de particular interés los artículos 173 y 175.

  Artículo 173: «El que infligiere a otra persona un trato degradante, menoscabando gravemente su integridad moral, será castigado con la pena de prisión de seis meses a dos años».

  Artículo 175: «La autoridad o funcionario público que, abusando de su cargo y fuera de los casos comprendidos en el artículo anterior, atentare contra la integridad moral de una persona, será castigado con la pena de prisión de dos a cuatro años si el atentado fuera grave, y de prisión de seis meses a dos años si no lo es. Se impondrá, en todo caso, al autor, además de las penas señaladas, la de inhabilitación especial para empleo o cargo público de dos a cuatro años».
- Artículos 205 a 207 *sobre la calumnia* y 208 a 210 *sobre la injuria*. De especial interés para el caso que nos ocupa nos parece el artículo 208, en el que se define la injuria como «la acción o expresión que lesionan la dignidad de otra persona, menoscabando su fama o atentando contra su propia estimación».
- Artículos 311 a 318 *de los delitos contra los derechos de los trabajadores*, siendo particularmente significativos los artículos 314 y 316.

Artículo 314: «Los que produzcan una grave discriminación en el empleo, público o privado, contra alguna persona por razón de su ideología, religión o creencias, su pertenencia a una etnia, raza o nación, su sexo, orientación sexual, situación familiar, enfermedad o minusvalía, por ostentar la representación legal o sindical de los trabajadores, por el parentesco con otros trabajadores de la empresa o por el uso de alguna de las lenguas oficiales dentro del Estado español, y no restablezcan la situación de igualdad ante la ley tras requerimiento o sanción administrativa, reparando los daños económicos que se hayan derivado, serán castigados con la pena de prisión de seis meses a dos años o multa de seis a doce meses».

Artículo 316 especifica: «Los que con infracción de las normas de prevención de riesgos laborales y estando legalmente obligados, no facilitaran los medios necesarios para que los trabajadores desempeñen su actividad con las medidas de seguridad e higiene adecuadas, de forma que pongan así en peligro grave su vida, salud o integridad física, serán castigados con las penas de prisión de seis meses a tres años y multa de seis a doce meses».

Respecto a la vía penal, resulta de particular interés el hecho de que en septiembre de 2002 se produjera, por primera vez en España, una querella por *mobbing* por esta jurisdicción, que fue admitida a trámite por el Juzgado de Instrucción nº 17 de Barcelona. Esta querella acusaba a un directivo de Telefónica de un delito contra el derecho de los trabajadores, un delito de lesiones y un delito continuado de coacciones, y a Telefónica España S.A.U. como responsable civil subsidiaria. El juez imputó al directivo por considerar que los hechos podían ser constitutivos de un delito contra el derecho de los trabajadores (noticia de Europa Press recogida en <http://mobbingopinion.bpweb.net/artman/publish/article_1116.shtml>.

En lo que un psicólogo puede ayudar a la víctima

Solicitar ayuda profesional de tipo psicológico no es ninguna debilidad ni significa, desde luego, estar «loco». Yo llevo muchos años trabajando como psicóloga clínica en un centro de salud mental, y puedo asegurar que, entre los cientos de personas que he atendido, ha habido muy, muy pocos «locos».

Si te decides por buscar ese tipo de apoyo, es muy posible que la primera duda que se te plantee sea la de «¿psicólogo o psiquiatra?». En primer lugar, te recomendaría que comentes lo que te ocurre con tu médico de familia del Servicio de Salud de tu comunidad autónoma. Él te remitirá al Centro de Salud Mental que te corresponda, donde te asignarán el profesional más adecuado para el seguimiento de tu caso: psicólogo, psiquiatra o ambos a la vez, que es lo más probable si necesitas tanto tratamiento farmacológico como tratamiento psicológico. Con tan sólo la primera de estas terapias, los fármacos, no es suficiente, pues tratan únicamente los síntomas, cuando lo que en verdad una persona víctima de acoso psicológico necesita es una reconstrucción de muchos de sus aspectos personales que han quedado afectados.

Si optas por un psicólogo y/o psiquiatra con consulta privada y careces de referencias sobre a quién acudir, puedes solicitar información en el Colegio Profesional de Psicólogos de tu comunidad autónoma o en el Colegio de Médicos, cuyos números de teléfono encontrarás con toda facilidad en la guía telefónica. Ahora bien, asegúrate de que el profesional al que acudes a solicitar ayuda conoce el *mobbing* y tiene experiencia en tratar a víctimas de este fenómeno.

Algo que no puedes perder de vista si acudes a un profesional de la salud mental es la necesidad de discreción, para evitar que el hecho pueda ser utilizado de manera perversa por el hostigador. Por supuesto, tanto psicólogos como psiquiatras estamos sometidos a la obligación de mantener el secreto profesional. Pero lo más probable es que, si la consulta se produce durante el horario laboral, te exijan un justificante por la ausencia. Pide que en éste no conste la especialidad a la que has acudido, solamente el nombre del consultorio, o acude fuera del horario de tu trabajo cuando ello sea posible.

Pero posiblemente te preguntarás por qué debes acudir a un psicólogo, ¿qué beneficio vas a obtener si lo haces? Podríamos decir que será un guía que te ayude en el proceso de superación del *mobbing* y de las secuelas que éste te ha producido. Es un profesional que te indicará cómo conseguir:

- Asumir el hecho de que estás siendo acosado y eso no va a cambiar a menos que tú hagas algo por modificarlo.
- Neutralizar las emociones negativas de culpa y vergüenza que te han llevado a la paralización y que obran a favor de algo que es perjudicial para ti: no afrontar los hechos.
- Superar la actitud del «ya pasará» que en tantas ocasiones ha contribuido también a tu inmovilidad ante lo que te está ocurriendo.
- Percibir cuáles de tus comportamientos ante tu atacante han demostrado ser poco eficaces y, en consecuencia, no continuar insistiendo en ellos.
- Descubrir qué otras conductas pueden resultar más operativas para enfrentarte a tu agresor.

- Que llegues a poner en práctica esos comportamientos de manera adecuada y sintiéndote más o menos cómodo al hacerlo.
- Recuperar tu autoestima.
- Controlar de una manera más eficiente el estrés que padeces, lo que tendrá un efecto positivo en cómo te encuentras y, en consecuencia, en cómo te comportas.
- Que tu familia comprenda mejor el problema y el porqué de lo que te está ocurriendo, con lo cual estará en mejor posición para darte todo su apoyo.
- Que llegues finalmente a perdonar a quien te ha agredido para que de esa manera te liberes de él para siempre.

Todo lo demás, las cuestiones legales y el hecho de si denuncias los hechos o no ante el juzgado, es materia de otros profesionales distintos, cuyo apoyo seguramente también necesitarás. Sí puedes, no obstante, pedir consejo a tu psicólogo acerca de cómo se encuentran tus fuerzas y tu equilibrio psicológico para enfrentarte a un proceso jurídico que puede resultar complejo y doloroso (y, a veces, frustrante según los resultados), pero que también es cierto que en ocasiones es necesario.

3

Prevención del *mobbing*

¿Qué puede hacer la víctima?
Cómo defenderse del acoso en sus inicios

Evidentemente, no es lo mismo ver venir una situación de acoso o estar en sus inicios —fase 1 o 2 de Ege— que ante un hostigamiento ya consolidado, por decirlo así. En los dos primeros casos, el comportamiento de la víctima forzosamente habrá de ser distinto que en el último. Estamos entonces ante una situación de la que todavía se puede salir indemne, si lo has visto venir, o con un daño relativo si el fenómeno está en sus inicios y en el supuesto de que con tu conducta seas capaz de atajar los ataques desde un principio. Ya dice el refrán que «más vale prevenir que curar», y es muy importante que frenes las acciones de acoso ahora, en sus orígenes, cuando todavía tienes fuerzas y estás en posición adecuada para ello, y cuando el acosador, a través de sus acciones, aún no ha conseguido escalar a una situación de dominio sobre ti a fuerza de desprestigiarte y humillarte.

Pero pasando ya a la práctica, ¿cómo ha de comportarse un trabajador que capta que está comenzando a ser agredido psicológicamente en su trabajo? Ahí van algunos consejos:

Mantén tu buena forma física y mental
- Según Leymann, es una buena manera de aumentar tus posibilidades de afrontar eficazmente el acoso. Sigue una dieta equilibrada, haz ejercicio regularmente, disfruta en tu tiempo libre con tu pareja, hijos y amigos, descansa lo suficiente. No es objeto de este libro extendernos en este importante aspecto, así que te remitimos a los libros que para combatir el estrés hemos incluido en el apartado de Lecturas recomendadas.

Apóyate en tu entorno familiar y social
- Ahora más que nunca necesitas del cariño y respaldo de los tuyos. Cuéntales lo que te ocurre, dialoga con ellos sobre el tema, pero procura a la vez que no todo gire en torno a tu nefasta situación en el trabajo. Disfruta de la compañía de los tuyos realizando juntos vuestras actividades favoritas.

Permanece alerta
- Si todavía no tienes claro si tu situación es o no un caso de *mobbing*, ten los ojos bien abiertos. Fíjate en todos los detalles y analízalos. Coméntalo con alguien, a ser posible tanto dentro como fuera de la empresa, para contrastar los hechos y tener una visión diferente y más imparcial y objetiva. Pero no dilates en demasía este proceso. Si verdaderamente están iniciando un acoso contra ti, es ahora cuando te resultará más fácil frenarlo con un menor coste personal.

Reconoce tus errores
- Y además discúlpate por ellos y pon todo tu empeño en que no vuelvan a reproducirse, pero *en ningún caso per-*

mitas que ninguna persona, sea jefe, compañero o subordinado, te infravalore ni te pisotee por ello.

Sé asertivo
- No te dejes avasallar por los demás ni toleres que se entrometan en tus asuntos. Beatriz se encontró con que su compañero Juan había hecho circular por la oficina rumores poco favorecedores hacia ella a raíz de su reciente ascenso, algo que siempre provoca alguna envidia y resquemor en algunos compañeros. Atajó esta situación diciendo a Juan: «Los comentarios que estás haciendo sobre mi ascenso no son ciertos. No quiero volver a oírlos de ahora en adelante».

Gana apoyos cuanto antes
- No cometas el error de tragártelo todo y sufrir en silencio, a la vez que le haces el juego a tu agresor automarginándote. Cuida especialmente tus relaciones públicas: cuenta tu versión de los hechos; relaciónate con las personas en principio ajenas al acoso con toda normalidad, tal y como lo has hecho hasta ahora; y pon la situación en conocimiento de tus superiores o los jefes de tu acosador, sobre todo si se producen hechos como dejarte sin trabajo, encomendarte uno que no es propio de tus funciones o cargarte excesivamente de tareas. Ahora más que nunca resulta para ti cierto aquello de que «quien tiene un amigo, tiene un tesoro». Y si son varios, mucho mejor.

Defiéndete de los ataques
- No te muestres ante ellos con pasividad, como si los aceptaras. Reacciona defendiéndote, sin descartar ser tú quien pase al ataque. No se trata de que respondas pasán-

dote al papel de acosador ni que juegues al «y tú más», pero puedes hacerle ver a tu agresor de manera más o menos sutil que todos tenemos defectos, fallos y puntos débiles, de manera que él también, además de que tú sabes cuáles son y estás dispuesto, si las cosas llegan a ese punto, a expresarlo.

Pide explicaciones
- Si sufres situaciones como el traslado de tu escritorio a un rincón, la merma de tus funciones laborales o hechos similares, no te quedes paralizado y sin hacer nada al respecto. Acude a la persona responsable y pídele explicaciones sobre por qué se han realizado esos cambios. Si no te recibe personalmente o hace caso omiso de tu petición, insiste por escrito. Si trabajas en la Administración pública, haz que tu escrito pase por el «Registro de entradas», así tendrás constancia, en caso necesario, de que realmente lo has enviado y nadie podrá decir lo contrario.

No descartes enfrentarte al agresor
- Dile cara a cara lo que crees que está ocurriendo. Ten en cuenta que este tipo de agresores, aunque parezcan tan envalentonados, en el fondo son bastante cobardes, de manera que es bastante posible que consigas que de esta forma se amilane y se busque otra víctima menos respondona y fácil de manejar.

No reveles demasiado acerca de tu vida privada
- No es infrecuente que el ataque laboral se deslice hacia cuestiones de la vida privada de la persona agredida. Si todavía estás a tiempo, no realices comentarios acerca de ella, evitando así darle más argumentos a tu agresor.

Continúa con tu nivel habitual de actividad
- En la medida de lo posible, intenta continuar con tu ritmo y calidad de ejecución en la realización de tus tareas, con el objetivo de evitar posibles futuros reproches y admistrarle armas a tu acosador con las que pueda continuar atacándote.

Mantente lo más sereno posible
- Mantén la calma o, al menos, aparéntalo. Es difícil, desde luego, en estas circunstancias, pero pon especial cuidado en evitar los arrebatos coléricos o los accesos de llanto, que sólo servirían, una vez más, para proporcionar argumentos a tu agresor («es una persona difícil», «es un desequilibrado»), con la consiguiente merma en tu autoconfianza y en tu imagen pública.

¿Qué deben hacer los compañeros?

El *mobbing* no es tan sólo un acto entre agresor y agredido. Trasciende mucho más allá, y es una cuestión que de alguna manera nos afecta a todos. También a ti, mucho más directamente si estás viendo cada día cómo están vejando a un compañero tuyo y cómo éste se hunde día a día ante tus ojos. Hay una cierta tendencia, ante estas situaciones, a que cada uno se plantee que son los demás quienes han de intervenir. Cada uno piensa así, y de esta forma nadie hace nada porque se supone que son los otros quienes han de tomar la iniciativa. Pero la actitud más conveniente es que cada miembro del grupo aporte su granito de arena para luchar contra las agresiones psicológicas en el trabajo porque, de lo contrario, uno se convierte automáticamente en un consentidor y, por lo tanto, en cómplice de lo que está ocurriendo. Ahora bien, y pasando a la práctica, ¿qué debes hacer tú, como compañero de una persona acosada?

Ante todo, no apoyar por omisión, y mucho menos por comisión, las actividades de acoso ni a la persona que las ejecuta. Y eso implica muchas cuestiones, como:

- No traer y llevar chismes ni rumores acerca de la víctima.
- No seguir la consigna de dejarle de hablar, sino, al contrario, expresarle tu apoyo y solidaridad.
- No callar cuando se está escuchando una opinión acerca de la víctima que sabes que no es cierta, es exagerada o es un rumor malintencionado. Haz saber que lo que estás oyendo no coincide con la opinión que tú tienes sobre esa persona. Pregunta acerca de las pruebas de los hechos que se están exponiendo e indaga de dónde procede esa información.
- Si honestamente albergas dudas sobre quién tiene razón o has caído en el pensamiento de «algo habrá hecho para que le pase esto», fíjate en los hechos, obsérvalos y analízalos. Es decir, permanece atento más a lo que *hace* cada uno que a lo que dice. Una vez tengas las cosas claras, toma partido y no te limites a observar pasivamente.
- Testificar, en caso necesario, sobre los actos de agresión de que has sido testigo, ya sea ante los superiores, el Departamento de Recursos Humanos, Inspección de Trabajo, etc.

Estamos de acuerdo en que ésa no es la posición más cómoda, pues implica soportar y no ceder a la presión para incorporarse al grupo acosador, pero sí desde luego la más ética. Piensa que de esta manera no sólo estás obrando como una persona decente, sino que además estás colaborando para que exista un mejor clima social en tu trabajo. De lo contrario, no haciendo ni diciendo nada, estás, aunque sea por omisisión, colaborando con el acosador o acosadores. Recuerda, además, que este tipo de agresores no suelen conformarse cobrando tan sólo una pieza. Tienen cierta propensión a la insaciabilidad. Y no es tan descabellado pensar que la próxima víctima podrías ser tú.

El agresor es mucho más cobarde de lo que tú imaginas, y además suele tratarse de personas a quienes no les gusta correr riesgos. Si varios compañeros os unís ante él, lo más probable es que salga corriendo. El doctor José M. Prieto, catedrático de la Universidad Complutense de Madrid, nos dice lo siguiente en su introducción a la obra *Mobbing. Cómo sobrevivir al acoso psicológico en el trabajo* de Piñuel y Zabala refiriéndose al *mobbing* entre animales: «Cuando los animales intimidados se amotinan y hacen un frente común para, a su vez, azorar o atacar al depredador, el resultado suele ser la huida, en estampida, del depredador, que exhibe una conducta de evitación ante animales de esa especie haciendo piña. Si, en un entorno productivo, quienes se sienten asaeteados hacen causa común frente a quienes los han vilipendiado, generan, de entrada, un sobresalto y, a menudo, un aumento en las pautas de cautela exhibidas por el depredador, que se siente a su vez en el punto de mira de quienes, una a una, eran sus víctimas, pero juntas forman un machote amenazante». Juntos ¡podéis!

¿Qué deben hacer los jefes?

En la mayoría de los casos de acoso laboral, los jefes no quieren saber nada, no gustan de los problemas, y por eso suelen limitarse a dar la razón a la mayoría, a los más fuertes o, en ocasiones, a una u otra parte alternativamente, pero sin tomar verdaderamente cartas en el asunto.

Los jefes tienen el deber moral de poner fin al juego sucio que supone el acoso. Además, está comprobado que en aquellas organizaciones donde este fenómeno se produce, éste incide en un aumento del absentismo laboral y un enrarecimiento del clima social, lo que a su vez provoca una disminución en la motivación de los trabajadores y en sus niveles de satisfacción y cooperación, todo lo cual acaba por traducirse en una merma de la productividad y competitividad de la empresa, con el consiguiente coste económico. De la dirección <www.terra.es/personal7/agacamt/conferencia.htm> extraemos el siguiente informe sobre la repercusión económica en las empresas de este fenómeno:

> Hace unos años, el constructor de coches sueco Volvo publicó un informe sobre el coste del absentismo en una de sus fábricas, valorando las pérdidas de producción y el descenso del nivel de calidad. El informe recordaba que la principal causa del absentismo debía buscarse entre las relaciones interpersonales y factores psicosociales del trabajo; es decir, en los conflictos tanto latentes como los declarados abiertamente. Los costes que resultaban de una bajada del nivel de calidad se cifraban en 17 millones de coronas suecas, de las cuales la mitad se debían al absentismo y a las fluctuaciones o rotación del personal. La disminución de producción se estimaba en 24 millones de coronas, de las cuales los dos tercios se debían al absentismo y a la rotación de personal. En total, el coste anual de estos fallos, reveladores del clima social de la empresa, se aproximaba a 30 millones de coronas suecas por fábrica y año (unos 500 millones de pesetas). Es decir, algo más de 3 millones de euros.

Tanto es lo que un buen jefe puede hacer para evitar el acoso laboral en su empresa o en su equipo de trabajo, que ya se están organizando talleres sobre prevención, gestión y control del *mobbing* dirigidos a directivos, como es el caso de los realizados en las jornadas «Buenas prácticas para prevenir el *mobbing* en las organizaciones», organizadas por la Cátedra Mutual Cyclops-Universitat Politècnica de Cataluña, celebradas primero en Barcelona en febrero de 2004 y posteriormente en Madrid en septiembre de ese mismo año.

Entrando ya en materia. Si eres directivo, ¿qué puedes hacer ante el *mobbing*? Algunos consejos:

- Saber dirigir y motivar a tus subordinados adecuadamente, fomentando entre ellos el espíritu de colaboración y no los enfrentamientos y las rencillas. Es decir, ser un líder capaz de sintonizar con los sentimientos de los trabajadores que tienes a tu cargo y tener la habilidad de sacar lo mejor de ti mismo y de los demás.
- Realizar entre los empleados a tu cargo una clara distribución de tareas, especificando claramente en qué consiste el trabajo de cada uno y cuáles son sus funciones y competencias, con lo que evitarás la confusión y la posibilidad de que, al invadir cada uno el terreno laboral de otro, surjan roces y conflictos que podrían crear resentimiento y derivar en una situación de acoso.
- Reforzar los canales de comunicación interna, procurando que la información circule de manera fluida y certera entre los distintos estamentos. La ausencia de noticias fidedignas hace que éstas sean sustituidas por rumores que nadie acaba de saber si son ciertos o no, lo que confunde a los empleados y se presta a que alguno de ellos se apunte a la postura de «privilegiado» de las altas esferas por-

que «yo lo sé de buena tinta, me lo ha dicho el jefe de personal con el que me llevo muy bien».
- Seguir un entrenamiento en técnicas de gestión de conflictos, cosa que resulta indispensable para cualquier directivo, pues eso te va a permitir adquirir habilidad para manejar de manera adecuada los desacuerdos entre tus trabajadores o entre tú y alguno de ellos, evitando así que se conviertan en abismos insalvables, quizás en la semilla de un no lejano acoso laboral.
- Ser capaz de llevar a la práctica un adecuado estilo de mando; es decir, huir de los estilos autoritarios y de los malos modos, conversar y escuchar a los subordinados, valorar sus sugerencias e iniciativas, etc. Si no se poseen estas cualidades, hay que saber al menos reconocerlo y «ponerse al día». Como nos dice J. Fernández Aguado en su obra *1000 consejos para un directivo*: «Dirigir no es sinónimo de actuar con agresividad para que los demás "se enteren" de "quién" es el directivo. Se puede gobernar sin dar nunca un grito, sin reñir a nadie. Actuar de esta manera es mucho más difícil que "machacar" al subordinado [...] Si, al corregir los errores, se humilla a la gente, la primera consecuencia que hay que sacar es que no se sabe dirigir. Cuando se corrige bien —controlando la ira, no sacando las cosas de quicio, ofreciendo soluciones, haciendo ver que se hacen aquellas indicaciones por el bien de la persona y de la organización [...], el "equivocado" queda habitualmente agradecido y pone los medios para no repetir el fallo».
- Si algo no funciona en tu equipo de trabajo, céntrate en la solución del problema más que en buscar un culpable sobre el que hacer recaer la responsabilidad (y al que posiblemente acosar). En bastantes ocasiones, esta segunda

actitud no es sino una manera que tiene el jefe de eludir sus propias responsabilidades.
- Finalmente, piensa que tu posición de directivo no te libra de ser objeto de acoso laboral, ya sea por un mando superior a ti o por tu propio equipo. Recordamos que un 9 % de los superiores, según Leymann, y un 2,5 %, según Piñuel, son acosados por sus subordinados. A ti, por lo tanto, también puede ocurrirte.

Si eres directivo y estás dispuesto de verdad a que las prácticas de acoso psicológico no se produzcan entre los trabajadores que tienes a tu cargo, dispones de una abundante bibliografía a la que recurrir para aprender buenas prácticas de *management* o mejorarlas. En el apartado de Lecturas recomendadas (pág. 203) encontrarás algunas sugerencias.

¿Qué puede hacer la empresa?

La empresa, por la misma razón que juega un papel fundamental propiciando que en su seno puedan darse casos de hostigamiento psicológico en el trabajo, también tiene una baza decisiva en conseguir lo contrario, es decir, prevenir el acoso y evitar que se produzcan en sus trabajadores ese tipo de comportamientos agresivos. Al fin y al cabo, el *mobbing* es un síntoma de que las cosas no van bien en la organización en cuyo seno se produce.

Los daños que en ésta genera este fenómeno son importantes (recordemos el informe de la firma Volvo). Podríamos decir que un acosador, instalando su régimen de terror en una empresa, es como un cuerpo humano con una solitaria: le impide crecer y desarrollarse. Por lo tanto, puede decirse que las estrategias de prevención del *mobbing* constituyen una de las mejores inversiones que pueden realizarse, pues incide directamente en el más importante de los recursos de una organización: su capital humano.

Una organización que de verdad se proponga erradicar esta mala práctica en su seno ha de procurar:

- Tener claro que el elemento más importante para que una organización salga adelante son sus recursos humanos. Como dice J. Welch, presidente de General Electric y autor del libro *Straight from the Gut*: «La gente primero, la estrategia después».
- Propiciar un clima que evite en la medida de lo posible la aparición de conflictos, además de proporcionar una salida adecuada a los mismos cuando éstos se produzcan, estudiando en cada caso el problema concreto que se plantea. Es imprescindible que todo empleado sepa a quién acudir en caso de tener un roce o un problema interpersonal. No hay que perder de vista que con un conflicto bien gestionado y al que se ha dado una solución adecuada, mejora la organización y, con ello, el comportamiento de todos los implicados. Por el contrario, cuando ha sido mal llevado o no se ha querido afrontar, el daño es para todos. Además, ya hemos visto cómo aquéllos, cuando no se les proporciona una resolución correcta, pueden convertirse en la semilla que acabe produciendo una situación de violencia psicológica de un trabajador contra otro.
- Propiciar un ambiente laboral adecuado. Se puede decir sin exagerar que la empresa es la última responsable de la calidad de las relaciones laborales. Asegurar la bondad de éstas pasa por cuestiones como procurar que la carga de trabajo sea equitativa entre todos los trabajadores, evitar

el exceso de competitividad entre ellos, desterrar los modos autoritarios, propiciar en la organización unas buenas técnicas de gestión en materia de recursos humanos, flexibilizar las normas y procedimientos, capacitar adecuadamente a los líderes, promover una promoción profesional basada en los méritos y no en el amiguismo y el nepotismo, etc.

- Asegurar unos eficaces canales de comunicación. El trabajador no sólo necesita conocer todo lo concerniente a la realización de sus tareas, sino también aquello que se refiere a lo que acontece en la organización: los resultados de la empresa, sus planes de futuro y estrategias y las decisiones importantes que se toman. También en este aspecto hay que tener en cuenta los programas de sugerencias y política de puertas abiertas, esto es, de comunicación abierta entre todos los niveles y estamentos de la organización (comunicación ascendente, descendente y horizontal).
- Estructurar de manera concreta las funciones y responsabilidades de cada profesional, evitando las ambigüedades que pueden ser la causa de un conflicto entre trabajadores.
- Seleccionar cuidadosamente a los directivos, eliminando a aquellos que tienen malas maneras, son excesivamente impulsivos, utilizan la competitividad entre los trabajadores a su cargo como una manera de obtener mejores resultados, etc., es decir, erradicando lo que Piñuel denomina «*management tóxico*». Pero no basta con esta medida si no va también acompañada de una formación de los mandos en actitudes y técnicas para el diálogo y la comunicación integral. Facilitarles cursos de entrenamiento en habilidades sociales y en relaciones interpersonales resultaría una medida eficaz.

- La formación debería hacerse extensiva a los técnicos del Departamento de Recursos Humanos. En este caso, poniendo un especial énfasis en la gestión de conflictos en general y, más en particular, en estrategias de intervención en casos de *mobbing*.
- Si, a pesar de todo, el acoso laboral se ha producido en la organización, es fundamental no negar el problema ni escudarse en que «son cosas que pasan donde hay relaciones humanas», sino afrontarlo de inmediato y proporcionarle una solución que acabe realmente con esa injusta situación. En este sentido, cabe destacar que últimamente se están tomando loables iniciativas para que las empresas dispongan de protocolos tanto de detección precoz como de intervención en los casos de violencia psicológica en el trabajo. Enterarse de ellos y, sobre todo, ponerlos en práctica sería una buena medida.

¿Qué pueden hacer los poderes públicos?

Desde los poderes públicos es factible, y sería deseable, la elaboración de una normativa legal que de una manera específica contemple el acoso laboral. Al fin y al cabo es en ellos, en nuestros representantes legales, donde hemos depositado la defensa de nuestros derechos y, entre ellos, el de que se respete nuestra dignidad, integridad moral y se preserve nuestra salud, tanto física como psíquica, en cualquier ámbito, incluido, por supuesto, el laboral.

Afortunadamente, en los últimos años se está produciendo una creciente sensibilización de los poderes públicos para acabar con esta lacra social. Cabe exponer que tanto en el Senado como en el Congreso de los Diputados se han producido distintas iniciativas en este sentido, algunas con mayor éxito que otras.

Ya en marzo de 1999, el Grupo Parlamentario Federal de Izquierda Unida presentó en el Congreso de los Diputados una Proposición de Ley para incluir el acoso psicológico como infracción laboral en el Estatuto de los Trabajadores. En aquel entonces, la propuesta no prosperó, obteniendo 137 votos a favor, 157 en contra y 4 abstenciones.

Más recientemente han tenido lugar otras dos proposiciones de ley, ambas a iniciativa del Grupo Parlamentario Socialista, y en este caso adoptadas por unanimidad en el Congreso de los Diputados:

- La Proposición de Ley 122/000158 *Proposición de Ley Orgánica por la que se incluye el artículo 14 bis en el Código Penal que tipifica el acoso moral en el trabajo* (Boletín Oficial de las Cortes Generales del 23 de noviembre de 2001).
- La Proposición de Ley 122/000157 *Derecho a no sufrir acoso moral en el trabajo* (Boletín Oficial de las Cortes Generales del 23 de noviembre de 2001), en la que se planteaba como objetivo introducir el derecho a no ser objeto de acoso en el trabajo dentro del ordenamiento laboral de nuestro país. En concreto, se observaban moficaciones en las siguientes leyes:

— Estatuto de los Trabajadores
— Ley de Procedimiento Laboral
— Ley de Prevención de Riesgos Laborales
— Ley de Infracciones y Sanciones en el Orden Social
— Ley de Funcionarios Civiles del Estado
— Ley de Medidas de Reforma de la Función Pública.

Se ha comenzado a trabajar en este sentido, y así, en la Ley 62/2003 del 30 de diciembre de Medidas Fiscales, Administrativas y de Orden Social y en concreto en su capítulo III sobre *Medidas para la aplicación del principio de igualdad de trato*, dentro del título II *De lo social*, se establecen medidas para implantar la igualdad de trato y la no discriminación en el mundo del trabajo en razón del origen racial o étnico, la religión o las propias convicciones, discapacidad, la edad o la orientación sexual. Incluso se llega a mencionar el acoso, definiéndolo como «toda conducta no deseada relacionada con el origen racial o étnico, la religión o las propias convicciones, discapacidad, la edad o la orientación sexual de una persona, que tenga como objetivo o consecuencia atentar contra su dignidad y crear un entorno intimidatorio, humillante u ofensivo».

La iniciativa, como podemos ver, es loable, pero en nuestra opinión insuficiente y parcial. Porque ¿qué pasa con aquellos casos, nada infrecuentes, en que el acoso no tiene en sí mismo como motivos los citados en esta ley? ¿No es *mobbing* entonces? ¿Se tiene en ese caso una menor defensa de los propios derechos personales y laborales desde el punto de vista jurídico? Esta normativa ha decepcionado en medios legales, y se ha interpretado como la pérdida de una oportunidad legal para regular el acoso psicológico en nuestro ordenamiento laboral, y hacerlo de una vez por todas. Como señalan los abogados Gloria Poyatos y José F. Escudero, autores de *Mobbing: Análisis multidisciplinar y estrategia legal*, en su artículo «Análisis de urgencia-Ley 62/2003» (en www.acosomoral.org/juric18.htm):

> Entendemos por tanto que se ha perdido una ocasión magnífica para al hilo de esta «Ley Antidiscriminatoria» incluir también la figura del acoso moral o *mobbing*, que bien hubiera tenido cabida si no se hubiera tasado en *numerus clausus*, el ánimo subje-

tivo del acosador condicionándolo exclusivamente a los cinco supuestos referidos, entre los que no se halla el de la finalidad de destruir la integridad moral del trabajador para que abandone voluntariamente la relación laboral, que es, a nuestro modo de ver, un requisito fundamental en la figura del *mobbing*.

Lo deseable sería la elaboración de una ley que protegiera a los ciudadanos del acoso, como se ha hecho ya en otros países europeos: Suecia (1983), Francia (2002), Alemania, Italia, Austria y en Estados Unidos.

Pero la obligación de los poderes públicos con respecto a este problema no acaba ahí. Como ya ha explicado el doctor González de Rivera magistralmente en su obra *El maltrato psicológico*, me limito a citarle:

> La medida preventiva más importante contra el acoso pasa por una transformación cultural, para la que es necesario promocionar la educación psicosocial y política, de tal manera que toda la población conozca los aspectos prácticos del funcionamiento psicológico humano y comprenda los principios básicos de la democracia. Por ejemplo, cuando decimos que todos los hombres somos iguales, tenemos que saber a qué nos referimos. Ciertamente que no somos iguales en altura o en inteligencia, ni en belleza o capacidad de trabajo; pero en lo que sí somos todos iguales es en lo más esencial: en nuestra condición de seres humanos.

Evidentemente, todos y cada uno de nosotros somos responsables de conseguir esas modificaciones socioculturales, pero más que nadie el poder público, que es quien ha de tomar la iniciativa, abanderar la causa y proporcionar los medios necesarios.

4

Superando el *mobbing*

Unas palabras iniciales

Antes de abordar este capítulo clave en el fenómeno *mobbing*, nos ha parecido de gran interés la inclusión de la «carta a un acosado» que, firmada por Ricardo P.-A. (Ricardo Pérez-Accino Picatoste), aparece en el dominio web de ANAMIB (Asociación NO al acoso moral y/o psicológico en Illes Balears): <www.ANAMIB.com>. Dice así:

> Esta carta está dirigida a ti. Sí, a ti, a ti..., no mires a otro lado que eres tú el objeto de esta carta. Hemos intentado llamar tu atención de otras maneras, pero no te has enterado.
> Es muy importante que reconozcas lo que realmente te está pasando. Es posible que estés despertando del letargo. Que estés empezando a vislumbrar lo que realmente te ocurre. Puede que empieces a comprender... a comprender que no eres tú el culpable de lo que te pasa en tu trabajo..., en tu casa... pues hasta allí ha llegado el caos y la penumbra. ¿Te has dado cuenta de que aquel amigo que te dejó de hablar quizás estaba siendo manejado? ¿No es verdad que hasta algunos amigos son ahora sólo compañeros? ¿Y que muchos, la mayoría de tus compañeros,

ahora no son ya nada? ¿Te has preguntado ya por qué ocurre todo esto? ¡PREGÚNTATE QUÉ ESTÁ PASANDO! Pero aunque la respuesta tiene que venir de ti, no busques en tu interior al culpable: no está allí. Busca, eso sí, cerca de ti. No muy lejos estará esa persona que ha conseguido con intrigas, con calumnias, quizá con poder, destruir tu entorno. ¡Ésa es la razón de que todo se te vuelva del revés! Ésa, y no otra, es la razón, que hay una persona que está usándote como a un muñeco de trapo, que brinda a los demás, a todos esos pobres de espíritu, la oportunidad de que expíen sus culpas sobre ti. Te han convertido en chivo expiatorio... todos a tu alrededor se benefician de tu desgracia. Mientras se ceben contigo, ellos podrán seguir tranquilos. No te has dado cuenta de que, aunque ninguno de tus compañeros te lo dice, todos lo saben, mientras quien te acosa te tenga entre sus manos, ellos se verán libres de su violencia. ¡ÉSA ES LA EXPLICACIÓN! No busques más, estudia todo de este macabro proceso que se ha producido a tu alrededor, y así conseguirás entenderlo. No saldrás nunca de esta película de terror en la que te han metido si antes no entiendes el porqué de cada actor, de cada escena, sin que entiendas que cada extra, cada elemento de ese escenario conforma esa película en la que te han asignado el papel de aterrorizado; pero todos ellos, solos, no habrían podido conseguir en ti un deterioro tan enorme como el que estás soportando.

—Analiza.

—Estudia.

¿Quién es el director de escena?, ¿quién el guionista? Una vez que identifiques a ese elemento, entenderás que el resto son sólo personas que no han querido o no han sabido resistirse a la influencia de aquel que realmente busca tu eliminación.

Es posible que tu vida haya transcurrido sin conocer la capacidad destructiva y desestabilizadora del ser humano, es sólo porque ni tú ni las personas con las que te relacionas son perversas. Has tenido la suerte, hasta ahora, de no toparte con un perverso narcisista, y por eso te resulta difícil imaginar en otros sentimientos de odio, de intolerancia y sobre todo: de ENVIDIA. Si no eres envidioso es muy difícil que conozcas realmente el significado de esa palabra por muchas veces que la hayas oído. Aunque aparentemente inconcebible, es real que algunas personas, al conocer tu rectitud, o al conocer tu don de gentes (los acosadores carecen de empatía), o la belleza de tu pareja, o si simplemente eres capaz de vivir como piensas, y no te lo callas; o que seas capaz de rendir más en tu trabajo con procedimientos no reñidos con la ética profesional... con una sola de estas características es suficiente para que un narcisista te haga diana de su perversión. A estas personas, al ver cualquier cualidad en ti, les duele, les quema profundamente saber que ellas carecen de eso que en ti se da de forma natural. Normalmente, estas personas se han creado una personalidad falsa y viven en ella, representan un papel, y se convencen a diario de que ellos son lo mejor; de que lo bueno que puede haber en otros es en realidad patrimonio suyo y en grado superlativo; pero ¿qué ocurre cuando se topan con una persona que realmente posee alguno de estos valores? Pues les ocurre que rabian, que súbitamente quedan en evidencia, pues por comparación se hace visible su inmensa pobreza personal, su carencia de valores reales. No soportan una presencia que les ofende en lo más hondo y comienzan su torvo ataque. Como única solución para esa ofensa personal se plantean la destrucción de quien le da origen, del culpable de ese sentimiento de pobreza que les invade. Lentamente, seductoramente, pero en todos los flancos al mismo tiempo, un perverso narcisista desarrolla su acción contra su objetivo de forma integral y sin darse a conocer como lo que realmente es para ti, tu enemigo. Sí, ¿no te lo puedes creer? Piensa, reflexiona. Ha podido estar contigo con apariencia de normalidad, incluso puede haber coqueteado contigo, buscando tu ignorante complicidad para sus fines, y al mismo tiempo puede estar calumniándote o, lo que es más efectivo, insinuando sobre tu condición, sembrando la mala semilla en los demás para que brote en los demás, lejos de ella. Su capacidad de seducción y manipulación es tal que a menudo, aquel que está en sus fauces, se siente devorado pero desconoce la identidad de su verdadero depredador. Por eso es importante que si te sientes acosado por un grupo de personas en tu trabajo, lo primero que has de hacer es identificar al agente causante: aquella persona que ha sido capaz de movilizar a todo un grupo contra ti. A menudo y por increíble que parezca, no es fácil. Es primordial saber quién es el desencadenante del acoso, ante todo porque es el primer y único responsable; en segundo lugar, porque tú no podrás desplegar ningún tipo de medida contra ninguno de los demás del grupo, ya que además de injusto, no sería práctico: te estarás granjeando la enemistad de todo el grupo de trabajo, y por si fuera poco, te despistaría de tu verdadero objetivo: descubrir al perverso y hacer visible a todo el mundo su acción violenta contra ti. Si ya sabes:

1. Que eres una víctima pero que no eres victimista,
2. Quién es el responsable de tu situación, y
3. Que el grupo como tal no es el que te ataca, sino que está siendo manipulado,

entonces ya estás en el mejor camino para volver a renacer. Será un largo camino, duro y pedregoso, pero al final de él te espera un nuevo día, tendrás más experiencia, serás más tolerante, querrás más a la gente por lo que es y no por lo que representa. Hoy, créeme, todavía no lo sabes, pero si estás siendo acosado moralmente, la vida, las circunstancias... quien te acosa, te está brindando la oportunidad de iniciar una etapa nueva en tu vida, llena de esplendor, de evolución positiva y crecimiento interior.

NO PIERDAS LA OPORTUNIDAD DE HACERTE UN POCO MÁS HUMANO.

La recuperación de la persona que durante un tiempo prolongado ha estado sometida a situación de acoso laboral no es fácil y requiere ser abordada desde distintas perspectivas. Suele ser, además, un proceso delicado, costoso y de larga duración en el tiempo, sin que en algunos casos pueda llegarse al estado normal previo de la persona ni a garantizar la reincorporación laboral al mismo puesto de trabajo en que se han originado los problemas.

Hay dos aspectos que resulta imprescindible tener en cuenta a la hora de abordar a personas que han sufrido este tipo de problema. Uno de ellos es el hecho de cuánto tiempo llevan sufriendo esa situación. No es ni mucho menos lo mismo si la situación se viene produciendo desde hace unos pocos meses a que lo sea desde hace varios años, pues las repercusiones serán bien distintas en cuanto a su intensidad. Obviamente, la recuperación será mucho más difícil y su pronóstico peor en el segundo caso que en el primero.

La otra cuestión fundamental es la intensidad y el tipo de ataques sufridos. Como bien saben todos los que han padecido este tipo de hechos, todos los actos de acoso no son iguales en cuanto a sus repercusiones psicológicas. Los hay más humillantes, vejatorios y atentatorios contra la dignidad, a la vez que han podido quedar más o menos limitados a una sola persona, con escasa colaboración por parte del resto de los miembros del grupo, o extenderse a todo o casi todo el equipo humano. Ambas cuestiones marcan también una enorme diferencia en cuanto a las posibilidades de superación personal tras la experiencia traumática.

Por último, cabe añadir que la recuperación de algo tan tremendo como es un acoso laboral no es un proceso que se produzca de una manera lineal y continuada. Lo más frecuente y normal es que haya altibajos, es decir, una serie de mejorías seguidas de alguna recaída y vuelta atrás. Algo así como dos o tres pasos hacia adelante y uno hacia atrás. Es necesario que lo sepas, para así estar preparado y no desanimarte cuando tenga lugar una de esas inevitables recaídas.

Toma de conciencia: estás siendo acosado

Aunque parezca difícil de creer, lo cierto es que muchas de las personas que padecen un *mobbing* no son conscientes de la verdadera situación. No en vano las víctimas tardan una media de entre quince y dieciocho meses en ser conscientes de que están siendo acosadas en el trabajo, según han averiguado algunos estudios al respecto. Mecanismos de defensa como la negación, la ilusión del «ya pasará» o la introyección de la culpa les impiden reconocer la verdadera y auténtica dimensión de lo que les está pasando. Supone una forma de autoocultarse una realidad que resulta demasiado penosa, y se hace con el objetivo de evitar la angustia que produciría aceptar el hecho de estar siendo agredido psicológicamente de manera intencionada por una persona del propio entorno. Así es como se llega también a justificar al agresor y a quienes colaboran con él. Ésa es la razón de que, en el fondo, en la mente de muchos de los afectados esté la idea de que es preferible no indagar porque el acosador debe tener una poderosa razón para comportarse con ellos tal y como lo hace, y que su deber como trabajador es esforzarse más. Llevados de ese pensamiento, lo más común es que achaquen sus padecimientos a otras cuestiones como «estoy atravesando una mala racha en el trabajo», «Fulano (el acosador) tiene problemas y ya se le pasará», o que «yo soy el culpable y tengo que poner más empeño en el desempeño de mi labor», etc. Lo que ocurre entonces es que la víctima, mientras sigue inmersa en ese proceso de autoengaño, no afronta el problema, sencillamente porque no lo ve tal y como verdaderamente es, violencia psicológica, sino bajo un prisma deformador de la realidad que le hace creer que las cosas no son como realmente están sucediendo.

Precisamente por ello es tan importante que superes la fase de negación mediante la toma de conciencia, es decir, a través de la aceptación y validación. Evidentemente, no desde una postura pasiva ni victimista, sino desde la actitud de «soy consciente de estar siendo acosado y estoy dispuesto a afrontar el complejo proceso de luchar contra ello». Por el contrario, la actitud de «no querer ver» o «esperar a que pase» lleva consigo una idea muy peligrosa: *no tengo que hacer nada para que ceda el acoso, él sólo desaparecerá.* Y así es como continúas paralizado y permitiendo que sigan maltratándote sin hacer tú nada para evitarlo.

Una vez que has realizado este reconocimiento que, aunque aparentemente sencillo para otras personas, no lo es para aquellas que han estado y continúan siendo maltratadas psicológicamente, has de completar el proceso de toma de conciencia con otra tarea que suele resultar todavía más ardua: el análisis crítico de las actitudes y comportamientos que has venido teniendo con respecto a tu acosador o acosadores. No es que queramos decir con esto que ha sido culpa tuya, pero sí que en bastantes casos la víctima, llevada por la fuerza dramática de los hechos y minada psíquica y físicamente por ellos, no ha sido capaz de responder de la manera más adecuada para sus propios intereses.

Y pasando ya a los consejos prácticos: ¿qué has de hacer tú, trabajador acosado, para tomar conciencia de tu problema y estar así en la posición de abordar la cuestión de la manera más adecuada para ti? Analicémoslo paso a paso.

No disculpes ni justifiques a tu agresor o agresores
- Vejar y humillar a otra persona, agredir sus sentimientos y emociones, atemorizarla en lo más íntimo no son comportamientos que puedan tener una causa justificable, sencillamente porque son conductas deshonestas e ilegítimas.

No creas sin más su versión de los hechos
- En el caso poco probable de que te la haya proporcionado directamente o, en el más factible, de que te la haya dado a entender o te hayas enterado por terceras personas. Seguramente su película viene a ser un desarrollo del esquema «yo soy el bueno y tú el malo», pero que él o ellos lo digan no lo convierte automáticamente en cierto. Por poner un ejemplo: es posible que ahora no realices tu trabajo tan diligentemente y con la calidad de antes, pero ese hecho no significa sin más que tú seas un mal trabajador y mucho menos un inútil. Es lo que pretende hacerte creer el agresor, confundiendo de manera intencionada y perversa el resultado con la causa. Pero no le creas. Ya has visto cómo la disminución en el rendimiento laboral, tanto cuantitativa como cualitativa, es uno de los efectos del terror psicológico en el trabajo, al igual que tu fatiga crónica, tus pesadillas, tu malestar general, etc.

Vencer la actitud de «ya pasará, es sólo una mala racha»
- Mientras permaneces en ella lo que ocurre es que no afrontas el problema, sino que lo pospones o, lo que es todavía peor, lo «escondes bajo la alfombra». Eso te lleva a adoptar una postura pasiva, de no hacer nada sino esperar a que «pase el chaparrón y escampe», cuando lo

cierto es que en la mayoría de los casos lo único que ocurre es que en lugar de parar, arrecia.

Juntar las distintas piezas del puzle y afrontar el problema
- Bien, ahora ya has hecho algo muy importante: has sumado dos y dos y te has dado cuenta de los fatales hechos: estás siendo víctima de un acoso laboral. Entonces, y sólo entonces, es cuando estás en disposición de afrontar la situación, y cuanto antes lo hagas, mucho mejor para ti: te ahorrarás sufrimiento y superarás el problema con mayor prontitud. Precisamente existe una relación directamente proporcional entre el tiempo que se tarda en hacer frente a la situación y el que cuesta remontarla: cuanto antes, menos tiempo, y ello precisamente por el hecho de que el daño infligido ha sido menor. De todos los casos de *mobbing* que ha atendido la autora, el que se ha solventado en un período de tiempo menor ha sido precisamente aquel en que la víctima menos tiempo tardó (siete meses) en acudir a un profesional. Tuvo la «suerte» de somatizar sus padecimientos en dolores digestivos e insomnio, hechos por los que acudió a su médico de familia, quien acertadamente optó por enviarle a un Centro de Salud Mental. La simple toma de conciencia de lo que estaba ocurriendo y el consiguiente afrontamiento de los hechos fueron decisivos para su pronta recuperación.

Identificar al acosador o acosadores
- Puede parecer una cuestión de perogrullo, y así lo es en algunas ocasiones. Pero no siempre. No faltan los casos en que una persona que parece ser quien te está acosando, no es sino un títere de quien verdaderamente maneja los hilos, es decir, un cooperante necesario o, como

mucho, un acosador secundario. Te estás disponiendo a la lucha, y lo primero que has de hacer es identificar al enemigo o enemigos. Eso sí, procurando no volverte paranoide y no viendo adversarios y conspiraciones en todas partes.

Saber cómo es la persona con quien estás tratando
- Es muy importante que, además de reconocer el problema, te quites la venda de los ojos y sepas con quién estás tratando. Tu agresor es muy probablemente un psicópata (repasa el perfil del agresor en el capítulo 1 del libro), y no es fácil entender a los psicópatas y menos todavía protegerse de ellos. Sin embargo, sólo desde el conocimiento podrás defenderte de uno de ellos ahora que te ha tocado encontrártelo en tu camino. Es muy posible que esa persona que ahora te está agrediendo psicológicamente, en un principio haya desplegado ante ti un comportamiento cautivador y seductor con el fin de atraparte en la tela de araña del engaño y control del maltrato psicológico que está tejiendo para ti. Pero los psicópatas tienen mil caras y la mayoría de ellas no precisamente agradables, así que olvida aquella primera etapa de la relación y céntrate en sus *actitudes y comportamientos actuales hacia ti*. Esto es lo que auténticamente importa y lo que tienes que ver ahora. Lo demás no cuenta, no pasaba de ser una artimaña que empleó para atraerte y golpearte después.

    Dos libros que te resultarán útiles para conocer la personalidad de tu agresor pueden ser: el de Vicente Garrido *El psicópata* y de Isabelle Nazara-Aga *Los manipuladores*, cuya referencia bibliográfica encontrarás al final del libro.

Realiza un análisis autocrítico y constructivo
- No se trata de castigarte ni de echarte la culpa, pero medita acerca de lo siguiente: ¿qué actitudes tienes con respecto a tu acosador o acosadores?, ¿cuáles han sido tus respuestas hacia él o ellos? Las siguientes preguntas están pensadas para ayudarte a realizar este análisis:

— ¿Has justificado a tu agresor cuando te humilla diciéndote a ti mismo «es así, tiene un carácter muy fuerte», «me lo he ganado», «tiene un mal día», «estas cosas suelen pasar en el trabajo» o algo similar?
La consecuencia negativa de esta actitud es que disculpas sus comportamientos vejatorios, haciendo recaer la culpa no sobre quien te agrede, sino sobre ti mismo. Desde esta perspectiva, tú eres el culpable, por lo que no aciertas a ver qué hacer, sino que te esfuerzas en hacerlo mejor, en la falsa creencia de que de esa manera cesarán las agresiones.

— ¿Sueles amedrentarte y callar ante los hechos de que te hace objeto tu hostigador?
Es un error no hacer frente a quien te agrede ni pedirle explicaciones por los hechos. Ya hemos visto que quien así obra suele ser una persona cobarde, y precisamente por eso se crece cuando se le deja hacer en silencio, mientras que acostumbra a echar «marcha atrás» cuando se le planta cara.

— ¿Sufres en silencio, callando lo que te ocurre, por temor, vergüenza, miedo o pensando que nadie va a creerte?
También este hecho puede volverse en tu contra. Si no dices nada, muchos pensarán aquello de que «quien

calla, otorga»; es decir, si no cuentas tu versión de los hechos, contradiciendo así lo que tu agresor va diciendo, te arriesgas a que el resto de los compañeros lleguen a la conclusión de que todo —o, al menos, una buena parte— de lo que aquél dice es cierto. No te olvides de que él suele actuar huyendo de los testigos, al menos de aquellos que no son «de su cuerda».

— ¿Sientes tanta rabia, ira, miedo o cualquier otra emoción negativa por lo que te están haciendo y notas cómo eso te impide pensar con objetividad y, en consecuencia, te impide proporcionar la respuesta que sería adecuada a tus intereses?

Es normal, y desde luego muy humano, que experimentes esos sentimientos hacia quien te está haciendo la vida imposible y agrediendo constantemente, pero una cosa es que lo podamos considerar normal y otra muy distinta es que te convenga. En ningún caso es adecuado a tus intereses reaccionar a las agresiones desde ese punto, porque lo harás sin pensar con claridad y sin medir las consecuencias de tus respuestas, con lo cual no es nada difícil que todo ello se vuelva en tu contra.

— ¿Dirías que tu actitud y tu comportamiento es propio de aquellas personas que lo «aguantan casi todo» con tal de ofrecer a los demás una imagen amable?

No vamos a decir que esté mal ser una persona correcta y educada con los demás, antes al contrario. Pero desde luego no hasta el punto de que para conseguir esa reputación tengas que tragar con las tropelías de que te hacen objeto en el trabajo. Es urgente que cambies esa actitud. Piensa qué es más importante para ti y qué te puede reportar más satisfacciones: el respeto de tus derechos y de tu dignidad o que los demás piensen que eres el «bueno de...» a quien casi todo se le puede decir y hacer sin que se queje.

— ¿Has probado alguna vez a hacer frente a tu hostigador u hostigadores? En caso afirmativo:
    A. ¿Cómo lo has hecho exactamente?
    B. ¿Cuál ha sido la reacción de él o ellos?

Ya hemos hablado poco antes acerca de que es conveniente, en términos generales, enfrentarte a tu acosador. Pero aquí viene la segunda parte: no de cualquier manera. Hablaremos más extensamente de esta importante cuestión en el epígrafe «Modifica tu comportamiento ante el acosador» (pág. 161), pero te vamos a adelantar lo fundamental en términos generales: has de mostrarte asertivo y afirmativo en la defensa de tus derechos, pero con calma y serenidad, evitando los arrebatos. Y, dentro de lo posible, con testigos fiables para ti, para evitar que tus palabras puedan ser tergiversadas o tu agresor ponga en tu boca cosas que tú no has dicho.

— ¿Cuánta energía has consumido preguntándote «¿qué he hecho yo para merecer esto?»? ¿Te has planteado que harías mejor en utilizar esa fuerza para afrontar el acoso y luchar contra tu acosador?

No andas precisamente sobrado de energía, de ello ya se ha ocupado tu maltratador. Entonces, ¿por qué malgastarla en preguntas inútiles? Te ha tocado simplemente porque estabas en el sitio equivocado en el momento equivocado. Es como una mala lotería.

¿Acaso eres tú el culpable de eso? Enfoca las cosas desde otra perspectiva y centra tus esfuerzos en ello: ¿qué puedes hacer para acabar con esa situación?

— ¿Has tenido algún ataque de ira, expresado verbal o físicamente, o acceso de llanto ante tu agresor o agresores? ¿Te has planteado la posibilidad de que esos hechos les satisfagan porque ponen en evidencia que efectivamente consiguen que te sientas mal y que estás a su merced? ¿Ha dado esto pie a que te descalificaran diciendo algo así como que «es una persona inestable» o «tiene algún problema psicológico»?
Y es precisamente ahí donde ha estado tu error. No vamos a caer en la trampa de pedirte que seas un «superman» o una «superwoman» capaz de no sucumbir en ningún momento a tus emociones, a flor de piel en estos momentos debido a la situación que estás atravesando. Ya ha quedado dicho que son sentimientos que podemos juzgar como normales, pero que no te conviene reaccionar desde ellos. Ahora vemos más claramente el porqué, las consecuencias que se derivan de ello y que te afectan a ti: así proporcionas refuerzo a tu acosador, que de esta manera arremeterá contra ti con fuerzas renovadas, y le das argumentos para descalificarte. Si verdaderamente sientes que no puedes más, que no eres capaz en este momento de tu vida de controlar tus emociones, pide la baja a tu médico. Así te apartas de la situación, cobras nuevas fuerzas y evitas hacer precisamente aquello que menos te conviene. Si la ira o la necesidad imperiosa de llorar te asaltan de improviso, en medio de la jornada laboral, y sientes que no puedes reprimirlas, desahó-

gate en un lugar donde nadie te vea, y menos que nadie tu acosador o acosadores. Ve, por ejemplo, al lavabo o cierra tu despacho por dentro si es que lo tienes, y échate un lloro o pega un par de puñetazos en la pared o la mesa. Después, te sentirás algo mejor y no habrás empeorado tu situación.

— ¿Te has comportado de manera asertiva, es decir, defendiendo tus derechos, necesidades y sentimientos con la persona que te maltrata? ¿O más bien te has callado y le has dejado hacer?

Si tu comportamiento ha sido el segundo, el de «dejar hacer» —quizá llevado por el miedo o por la convicción de que ésa te resultaría la posición correcta— creemos que te has equivocado. Reflexiona un poco:
- ¿Has logrado con esa actitud que dejara de arremeter contra ti?
- ¿Has conseguido, al menos, que los ataques disminuyeran, ya sea en frecuencia o en intensidad?

Si la respuesta es negativa, como resulta serlo en la mayoría de los casos, no parece que esa postura te haya llevado a buen puerto. Entonces, ¿por qué insistir en ella? Lo correcto, cuando una estrategia no produce el resultado deseado, es intentar otra. Te insistiremos en ello y te explicaremos cómo hacerlo.

Además de esta reflexión, será muy útil para tu autoanálisis crítico que lleves dos libretas, a modo de diario. Una será el *diario retrospectivo*, donde vayas anotando, por un lado, tus recuerdos acerca de hechos, comportamientos, palabras, gestos, etc., de tu acosador; por otra parte, también deberás anotar tus reacciones. La otra libreta constituirá tu *diario actual*, en el que irás registrando lo mismo, pero esta vez referido al presente. De esta manera, tendrás una descripción fiel de los hechos para posteriormente examinarlos, tú solo, con alguien de tu confianza o con tu terapeuta, y sacar tus propias conclusiones. Además, estas libretas tendrán otra importante utilidad, de la que hablaremos más adelante.

Ahora que has llegado a ser consciente de lo que te ocurre y has realizado un primer análisis, estás ya en disposición de abordar las siguientes fases de afrontamiento y superación del *mobbing*.

Desculpabilización

Los sentimientos de culpa y vergüenza que experimentas colaboran de una manera decisiva a que la situación de acoso laboral se mantenga. Precisamente por eso, el acosador, sabedor de este hecho, pone tanto interés en provocarlos y mantenerlos. Quizá para descargarte de esas emociones te resulte útil entender por qué las experimentas. En esencia, podemos decirte que has llegado ahí porque *has creído* las acusaciones de tu acosador y las *has hecho tuyas*, las has asumido. Reiteradamente te ha achacado negligencia en tu trabajo, poca dedicación, ser el culpable de todo lo malo que ocurre en la oficina, no saber estar a la altura de las circunstancias, etc. Además, lo ha difundido por todo el departamento y, como maestro que es en el arte de la manipulación, ha conseguido que algunos le crean. Ahí es donde ha logrado sembrar, incluso en ti mismo, la semilla de la duda y has comenzado a vacilar acerca de tu valía como profesional e incluso como persona. Como consecuencia, el primer mundo que se ha resquebrajado es el de tu autoestima, para a continuación caer en la culpa, a la que finalmente se añade la vergüenza. El esquema del proceso que has seguido para llegar a donde te encuentras podría resumirse del siguiente modo:

«*Algunos* (en muchas ocasiones, TODOS en la mente de la víctima) *creen que no valgo nada*»

«*No valgo nada*»
(autoestima caída en picado)

«*Soy culpable*»
(por ser un inútil y, por lo tanto, merecedor de lo que recibo)

«*He de sentir vergüenza de mí mismo y de cómo me tratan los demás*»
(reflejo de cómo soy yo y de lo que me merezco)

«*Es mejor no contarlo y que nadie lo sepa* (*si no, sabrán lo poco que valgo*)
(razón por la que callas)

El acosador, que sabe o al menos intuye cómo se desarrolla este proceso, primero lo produce y, una vez se ha asegurado de que se ha puesto en funcionamiento, se dedica a retroalimentarlo no sólo con nuevas acusaciones, sino aprovechando la fuerza de la inercia en la que tú mismo has entrado sintiéndote culpable y avergonzado. Es decir, aprovecha tus propias emociones, con las que ahora eres tú quien se autocastiga, para aniquilarte psicológicamente. De tal manera que, mientras te mantengas en ese punto, le estás haciendo el trabajo sucio. Él ha puesto en marcha el procedimiento y ahora sólo tiene que sentarse a contemplar su obra, disfrutando del daño que ha infligido. Si acaso, sólo tiene que «molestarse» en proporcionarte una «dosis de refuerzo» de vez en cuando, aprovechando algún error que tú cometas, la disminución en tu rendimiento laboral o algún acceso de rabia o llanto, debidos en todo caso a los efectos del acoso, para convertirlos en una prueba de que, efectivamente, eres un mal trabajador y una mala persona tal y como él viene reconociendo «a su pesar».

Piñuel y Zabala explica magistralmente en su obra *Mobbing. Cómo sobrevivir al acoso psicológico en el trabajo* cuál es la salida a este círculo vicioso en el que te encuentras, cuando nos dice que hay que pasar «de la introyección de la culpa a la extroyección». La introyección es lo que has venido haciendo hasta ahora y acabamos de describirte, es decir, el proceso a través del cual has asumido la culpa. La extroyección podríamos resumirla en esta frase:

«Yo no soy el culpable. La culpa la tiene quien me acosa».

Pero llegar ahí, a lo que parece tan sencillo y tan obvio visto desde fuera, resulta tremendamente difícil para una persona, la víctima, que lleva meses, cuando no años, experimentando la terrible sensación de que ella, y no otra persona, es quien tiene la culpa de todos los males que le ocurren en el trabajo. Has llegado a un punto en el que has hecho tuya toda la culpa que el hostigador ha volcado sobre ti. Pero ¿de qué te crees culpable? Te vienen a la mente muchas cosas: culpable por haber hecho algo para merecer lo que te ocurre, por no haberte dado cuenta antes de que eso era un acoso, por no haber sabido parar la situación a tiempo, por haber dicho o hecho algo que haya podido ofender o provocar al agresor, por pedir la baja cuando no has podido ya más, por creerte débil, y por y por... tantas otras cosas.

Ya hemos dicho, y tenemos que volver a insistir en ello, que los acosadores se caracterizan por ser personas manipuladoras, y precisamente por ello son perfectamente capaces de darle la vuelta a la tortilla, haciéndote entender a ti mismo y a los demás que son ellos quienes sufren por tu culpa. Pero no lo des por cierto sin más. Analízalo con objetividad y frialdad. ¿Quién agrede a quién? ¿Quién humilla y denigra? No le hagas el juego. No te culpes de lo que hace aquel que te agrede. *¡No pierdas de vista que tú eres la víctima y él el agresor!*

Además, todos esos sentimientos de culpa y esa ideación desvalorizante acerca de ti mismo tienen también una reincidencia negativa en tu autoestima, que queda destrozada, y muchas veces no sólo en cuanto al autoconcepto profesional, sino respecto también a la misma esencia del ser personal. Se puede decir que hay un antes y un después de los actos de acoso en la visión que la víctima tiene de sí misma, porque se ha atacado, humillándola, uno de los pilares básicos de la autoestima: la dignidad. Es precisamente por eso por lo que el *mobbing* tiene efectos tan devastadores sobre la autoestima. Como nos dice Manuel Trujillo en *Psicología para después de una crisis*, «al fin y al cabo las situaciones traumáticas graves dañan seriamente el núcleo central de la personalidad de la víctima: su visión emocional de sí mismo y su proyecto de realización personal».

La forma en que puedes pasar a extroyectar la culpa, a sacarla fuera de ti librándote de ella, y a recuperar además tu autoestima, podemos sintetizarla en el siguiente esquema:

«Mi acosador quiere hacerme creer que no valgo nada; además, ha convencido a algunas personas de ello. Pero eso no lo convierte en cierto sin más. ¿Acaso yo no era, hasta que todo esto empezó, una persona y un trabajador responsable y valioso? ¿He perdido sin más estas cualidades sólo por que él lo diga o me lo dé a entender? Es posible que haya cometido algún error o ya no rinda como antes, pero eso es debido a lo mal que me encuentro por esta situación y no tiene por qué continuar siendo así una vez haya conseguido superarlo»

«Soy tan valioso como antes como persona y como trabajador»
(recuperación de la autoestima)

«No merezco lo que me hacen, no soy culpable de ello»
(extroyección de la culpa y abandono del victimismo)

«No tengo ningún motivo para sentir vergüenza por lo que me ocurre»
(has superado los sentimientos negativos y estás en disposición de
afrontar adecuadamente los hechos)

Realizar este proceso, liberarse de esa sensación angustiosa y paralizante que es la culpa y la sensación de no valer nada, abandonar el victimismo, no es fácil y requiere en muchas ocasiones ayuda profesional. De ahí que insistamos, en muchos casos de acoso psicológico en el trabajo, especialmente en los más graves, en la necesidad de acudir a un profesional que te ayude.

Cambio de perspectiva

Hacer todo lo que has hecho hasta ahora te permite contemplar la situación desde otro plano. Puedes comenzar a pensar que ni es tu culpa ni es una vergüenza. Puede pasarle a cualquiera, y, de hecho, les ocurre a muchos (recuerda: entre un 12 y un 16 % de trabajadores españoles). Desde el momento en que has comenzado a desprenderte del lastre que para ti, como persona y como trabajador, suponían esas emociones tan negativas y paralizantes, has empezado a percibir el panorama desde otra perspectiva: no tienes por qué seguir aguantando y callando sin hacer nada. Al dejar de estar inmerso en la culpa, la vergüenza y el miedo (aunque todavía sigan ahí, al acecho), eres ya capaz de ver los hechos más objetiva y racionalmente, incluso con mayor serenidad, y eso te lleva a plantearte que puedes hacer frente a tu agresor y combatir para que se respeten tus derechos. Sencillamente, antes tu cerebro emocional dominaba a tu cerebro racional. En estos momentos, has conseguido invertir la situación, y eso obra a tu favor. El acosador ha estado explotando tus sentimientos de culpa en su favor y ha ejercido sobre ti el control a través de las emociones que te suscitaba. Al librarte de ellas, has comenzado ya a liberarte del acosador, del acoso y de lo que esto supone.

También te has dado cuenta de algo de trascendental importancia: para combatir la violencia psicológica de que estás siendo objeto necesitas respuestas eficaces que te permitan conseguir la victoria.

Y, finalmente, saber quién es tu agresor y saber cómo es o, al menos, cómo suelen ser te facilita también lograr otra perspectiva. Hasta ahora te has fijado en sus gestos, en las hirientes palabras que te dirige, en cómo te mira, en los reproches que te hace. Por eso, la continua cotidianeidad te ha producido el efecto de cegarte. Centrar tu atención tanto en lo superficial te ha impedido bucear en lo que se oculta bajo esa capa: su personalidad patológica, producto de sus temores y angustias. Él también es una víctima, pero no de otro, como tú. Él es víctima de sí mismo. Recoge esta frase y recuérdala, porque quizá te sirva para el punto y final al acoso: el perdón, del que te hablaremos a su debido tiempo.

Ahora sí, ahora ya puedes. Ahora tienes una alternativa distinta a sufrir y callar. Has dado otro paso muy importante para superar el *mobbing*.

Romper el aislamiento social y buscar apoyos

Recuerda las conductas propias del acoso laboral que comentábamos en el epígrafe «Cómo se lleva a cabo el juego sucio» del primer capítulo y observa tu propio caso. Comprobarás que los acosadores ponen un especial interés en aislar socialmente a sus víctimas, destruir su reputación y finalmente marginarlas y excluirlas. ¿Por qué ponen tanto empeño en este efecto en concreto? Porque les interesa, y eso por varias razones:

- Satisfacen su necesidad de destruir aquello que envidian y no pueden poseer, es decir, tu reputación.
- Una vez que han destruido tu imagen pública y estás solo es mucho más fácil atacarte, humillarte e iniciar tu destrucción psicológica.

- El aislamiento te ha privado de tus sistemas de apoyo habituales y ha producido el efecto de aumentar tu sensación de indefensión personal. Por eso, si te aíslas en lugar de pelear por mantener tu reputación y tu red de apoyo social, una vez más estás haciendo el juego a tu acosador metiéndote en un círculo vicioso en el que, a más ataques y mayor aislamiento, mayor es tu indefensión y el acosador, al saberlo, intensifica sus ataques, con lo que vuelve a aumentar tu indefensión.

Todo ello hace que el aislamiento social sea uno de los peores efectos del acoso laboral para la víctima, a la vez que es uno de los que más secuelas le procura y el que propicia que éste se mantenga e incluso se intensifique. Y esto es así porque el apoyo social en el entorno laboral es uno de los mejores factores moderadores del estrés, además de suponer un freno para el potencial acosador. Porque si tienes soportes sociales, personas que puedan salir en tu defensa, el acosador, cobarde por naturaleza, no se atreverá a agredirte o, cuando menos, disminuirá la frecuencia e intensidad de sus ataques. En la película *El dilema* comprobarás cómo el personaje al que encarna Rusell Crowe, un químico despedido de una empresa tabacalera y acosado por ésta, gana finalmente la partida porque cuenta, cuando ya ha sido abandonado incluso por su propia esposa, con un inestimable apoyo que sale en su defensa: el periodista al que da vida Al Pacino. Éste, a su vez, sale triunfante porque cuenta con numerosos contactos que confían en él y le ayudan cuando llegan los momentos feos y parece que está a punto de perder la partida. Todo un ejemplo para recapacitar. En <www.mobbing.nu/prensaExpansionyempleo11112002.htm> encontrarás un comentario extenso sobre la película. Y su visionado, si estás siendo acosado, lo está siendo algún familiar tuyo o amigo, o simplemente estás interesado en el tema del acoso laboral, resulta muy recomendable.

Además, desde el momento en que hay aunque sea tan sólo una persona que te apoya dentro de la organización, ya no estás tan acosado: ya no te sientes tan culpable ni tan angustiado, y además tienes con quién compartir, en el mismo entorno en que se produce, tus penas. Tienes también con quién desahogarte y con quién confrontar los hechos que ocurren. Hasta ahora, en cambio, el aislamiento había eliminado la caja de resonancia que todos utilizamos para evaluar lo que nos pasa, y ello ha tenido el devastador efecto de que la confianza en tus juicios y percepciones se haya ido deteriorando de forma progresiva. Por todo ello, no es difícil concluir que, al romper el aislamiento, se quiebra también en buena medida la esencia misma del *mobbing*.

Por eso es tan importante que tú, en tanto que víctima de acoso laboral, llegues a comprender que tu conducta de aislamiento dentro del entorno laboral —insistimos en que propiciada e incluso impuesta por el acosador— te está resultando perjudicial, y ello por distintos motivos:

- Te quita la posibilidad de presentar tu versión de los hechos, y ello puede ser interpretado por los demás como que «quien calla, otorga», y permite también que la versión presentada por el acosador adquiera más relieve e incluso resulte más creíble y, por tanto, gane adeptos. De esa manera, le haces el juego al acosador.
- Por otra parte, el aislamiento social en el lugar de trabajo contribuye de una manera importante al desequilibrio psicológico que te está creando la situación de acoso, al generarte más tensión, a la vez que careces de uno de los medios importantes para aliviarla.

- Como el acosador te ve solo, tal y como él buscaba desde el principio, no tiene ya por qué temer que nadie interfiera en sus planes para desestabilizarte, porque no hay ninguna persona dispuesta a salir en tu defensa o poner en entredicho su versión.

El apoyo social tienes que buscarlo tanto dentro como fuera de la empresa. Cuanto mayor sea el respaldo con el que cuentes, mucho mejor podrás luchar contra el trato humillante de que estás siendo objeto.

El soporte externo al ámbito laboral te lo procurarás:

- Entre tu círculo socioafectivo, es decir, entre tus familiares y amigos, aunque eso por sí solo, aun siendo un indiscutible alivio, suele no ser suficiente. Por la importancia de este punto, hablaremos de una manera extensa sobre él en el epígrafe de este mismo capítulo, titulado «La ayuda del entorno familiar».
- Si realmente estás muy afectado, literalmente destrozado, es muy posible que necesites también una ayuda de tipo psicológico, como ya quedó indicado en el anterior capítulo.

Los apoyos internos, en el seno de la organización laboral y en los círculos profesionales próximos, son decisivos para plantar cara a los hechos desde una posición cómoda y de fuerza. Es importante que te procures personas afines en los siguientes ámbitos:

- Los compañeros de tu mismo departamento.
- Tus jefes más inmediatos.
- Los superiores jerárquicos de la persona que te está acosando.

- El Departamento de Recursos Humanos.
- Una persona que anteriormente fuera agredida por quien ahora lo está haciendo contigo. Recaba su apoyo y testimonio. Es posible que se muestre remiso a ello (por miedo, por no complicarse la vida ahora que le han dejado tranquilo etc.), pero el simple hecho de hablar con esa persona e intercambiar experiencias ya te servirá: al menos ya no te sentirás tan solo ni tan culpable.
- Los compañeros y jefes de otros departamentos.
- El comité de prevención de riesgos laborales.
- El comité de empresa.
- Los clientes o usuarios para los que trabajas.
- Colegas de profesión que desarrollen su labor en medios laborales próximos al tuyo.
- Otros medios, como un colegio profesional, sindicatos, asociaciones profesionales, etc.

Es importante que hagas todo lo que esté en tu mano por recabar esos soportes que van a suponer una pieza —y no la menos importante— en el puzle para hacer frente al acoso. ¿Cómo llevarlo a la práctica? ¿Cómo ganarte a los demás? Despliega tus dotes para las relaciones públicas. Algunos consejos para conseguirlo:

- Procura mantener en todo momento un comportamiento sereno, evitando en público conductas como los ataques de rabia, los accesos de llanto, gritos, insultos, amenazas, etc. Te procurarías una imagen de persona inestable que no te conviene en absoluto, máxime teniendo en cuenta que este hecho sería con toda probabilidad aprovechado por tu agresor o agresores para descalificarte y emplearlo como un argumento de que mereces lo que te ocurre o tus acusaciones son falsas debido a que «eres un desequilibrado».

- Cuida tu imagen externa, que quizás hayas descuidado un tanto debido a los efectos de los sentimientos depresivos que te embargan. Acude impecable al trabajo, aunque esto te cueste un gran esfuerzo. Servirá para subrayar tu serenidad y bienhacer, así como para desmentir los rumores malintencionados sobre tu persona y tu salud que seguramente esparce tu acosador.
- Evita ir de víctima. El comportamiento quejumbroso, protestón o «llorica» no es precisamente el que agrada a los demás ni el que te conviene para presentar una imagen positiva y de serenidad. Además, las quejas (otra cosa es la denuncia) suelen resultar de escasa utilidad. Da por hecho que algunos no las entenderán o no les importarán; otros no creerán tu postura o les parecerá exagerada; y a la mayoría les molestará.
- No te autoexcluyas de los eventos sociales de la empresa, como las cenas de Navidad, celebraciones por jubilación, boda o nacimiento de un hijo de algún compañero, etc. Tampoco permitas que tu acosador te elimine de ellos. Estamos de acuerdo en que «maldita la gracia» que tiene, además de padecerlo en el trabajo, tener que ir a cenar con tu agresor y su banda. Es comprensible que no coincida precisamente con la idea que tienes de una «velada agradable», pero así y todo, esfuérzate, incluso procura estar simpático y aparentar que lo estás pasando bien. Al final, producirá sus dividendos y, desde luego, conseguirás sorprender a tu acosador.
- Si, como es muy probable, eres un buen profesional, promociónate a través de diversas actividades, como publicar artículos en revistas técnicas o científicas, impartir

charlas, conferencias o cursos, presentar comunicaciones a jornadas y congresos, etc. Ganarás reputación fuera de la empresa, lo que acabará por llegar a ésta. A ver entonces cómo se atreve tu acosador a seguir diciendo que no eres un profesional de valía.

- Si acudes a los superiores, a los tuyos o a los de la persona que te acosa, o al Departamento de Recursos Humanos a exponer lo que te ocurre, habla de lo que te está generando malestar, de hechos concretos, pero evita las críticas hacia tu acosador, ya sean éstas referentes a su manera de ser o a su desempeño profesional. Proporcionarías una imagen que no te conviene en absoluto, con lo que la medida podría volverse en tu contra. Es posible, incluso, que tu acosador, en un alarde de perversa manipulación, aprovechara la ocasión para señalarte a ti como hostigador. Así pues, deja claro, aunque no lo digas explícitamente, que has acudido allí a defender tus derechos, no a verter críticas hacia terceras personas.

Alguna idea más para conseguir romper tu aislamiento puedes extraer de la experiencia del afectado por *mobbing* Gerardo Mediavilla. Nos explica su experiencia en su obra *¿Por qué la han tomado conmigo?*: «Como la necesidad acucia la imaginación, intenté romper el aislamiento de diversas maneras: invitaba a café, organicé una peña semanal de lotería de "ciegos", participaba económicamente en cuantos homenajes y eventos se producían y me prestaba para cuantos favores eran requeridos como escribir cartas particulares o reclamaciones, todo de tipo personal. En el colmo de la paradoja, algunos directivos me solicitaban, clandestinamente, por supuesto, asesoramiento o que realizara pequeños trabajos profesionales, dada la incapacidad de quienes me sustituían, lo cual suponía una dosis añadida de autoestima. Era el premio por volver mi mirada también hacia los demás».

Modifica tu comportamiento ante el acosador

En tu comportamiento ante quien te agrede es muy probable que hayas llegado a desarrollar conductas muy parecidas a las que se producen en las fobias. Así, en lugar de enfrentarte a él, procuras evitarle, o incluso someterte a él, en un intento de soslayar de esta manera sus humillaciones y el daño que éstas te procuran. Pero ésa no es la salida adaptativa, sencillamente porque el problema sigue estando ahí. Además, y por regla general, lo que suele ocurrir es que cuanto más humilde te muestres, más se crecerá él y, en consecuencia, arreciará la violencia que despliega ante ti. Es necesario, por lo tanto, que te enfrentes, y para ello puede resultarte muy útil una técnica muy utilizada en psicología, no demasiado difícil de aprender, y que pasamos a explicarte brevemente a continuación.

Se trata de lo que llamamos *exposición progresiva en imaginación*. En realidad, la imaginación —y de una manera muy vívida, por cierto— ya la estás utilizando. ¿Cuántas veces has revivido las escenas de tu acoso, los gritos, insultos, miradas y gestos de tu acosador? Sólo que en esos momentos estabas haciendo un uso de ello que iba en tu contra, que te resultaba perjudicial, puesto que su efecto era el de angustiarte todavía más. Ahora vamos a intentar darle otro enfoque, de tal manera que esa práctica juegue a tu favor. Puesto que ya estás en disposición de enfrentarte a tu agresor y ya sabes también cuál es el comportamiento que te conviene observar ante él, lo único que necesitas ya es adquirir el valor necesario para ponerlo en práctica de una manera más o menos serena. Pasemos a ello.

Anota en una página varias situaciones típicas de las que ocurren en tu relación habitual con el hostigador u hostigadores. Al lado, escribe la respuesta que consideras eficaz y que a ti te conviene para que cesen los ataques (hazlo después de haber acabado de leer el libro y realizado todos los pasos explicados hasta aquí).

Una vez hayas completado esta tarea, reflexiona acerca del grado de dificultad que te supondría la puesta en práctica de cada una de esas reacciones y, de acuerdo con ello, asígnale un número desde el 1 (= mínima dificultad, creo que podría hacerlo sin mayores problemas) al 10 (= dificultad máxima, no me atrevo, me pondría muy nervioso y no sabría hacerlo con naturalidad). Como ya te habrás imaginado, comenzarás a trabajar con la primera, con la situación que te va a resultar más fácil. Mentalízate y comienza a trabajar en ello.

Ponte en un lugar tranquilo, ensaya alguna técnica de relajación rápida que previamente hayas aprendido en algún libro de los recomendados, y comienza a imaginar la escena de manera vívida y sentida, es decir, experimentando las mismas sensaciones que cuando estás con tu acosador y la situación es real. Imagínate a ti mismo con toda claridad dando la respuesta asertiva y, si eso te ocasiona algún nerviosismo o inquietud, pon en práctica alguna forma de relajación, como la respiración profunda o la tensión/relajación muscular hasta conseguir tranquilizarte. Continúa ensayándolo cuantas veces sea preciso hasta que seas capaz de visualizar la escena con total tranquilidad. Puede que conseguirlo la primera vez te lleve varios días, pero eso no importa, sé constante y persevera. Una vez conseguido este objetivo, y si crees que pasar de la imaginación a la práctica real es un salto excesivo para ti en estos momentos, escenifícalo con tu pareja u otra persona de tu confianza. Cuando todo haya salido bien, estás en disposición de llevar ese comportamiento de asertividad allí donde tiene que producirse: ante tu acosador. ¡Ánimo y adelante!

A partir de aquí, es cuestión de repetir el proceso una y otra vez con cada una de las escenas anotadas, siguiendo siempre el orden de menor a mayor dificultad.

Tu enfrentamiento al acosador va a conseguir un doble efecto: en él y en ti mismo.

En el acosador:

- Le vas a «romper los esquemas». Va a dejar de experimentar el placer que sentía ante tu inactividad y tu sumisión. Al menos momentáneamente, se va a quedar sin saber qué hacer, aunque también es posible que, al principio, se produzca un recrudecimiento de sus ataques, como el niño que inicia o aumenta la pataleta ante la negativa de sus padres a comprarle el juguete que pide. Pero, a la larga, como suelen ser personas cobardes, es muy posible que acabe por retirarse y buscarse otra víctima. Aunque también cabe que, si realmente la tiene muy tomada contigo, ese apartamiento tan sólo sea temporal, mientras estudia nuevas estrategias. Pero, al menos, habrás tenido un respiro y le habrás dejado claro que no lo va a tener fácil contigo.

En ti mismo:

- Ser capaz de enfrentarte al agresor y los pasos progresivos que irás conquistando en este proceso conforme lo vayas practicando, tendrá un efecto balsámico en muchas de las nefastas consecuencias del acoso: irás dejando de tenerle miedo, tu nivel de autoconfianza aumentará y quedarás libre de los sentimientos de culpabilidad y vergüenza. Has pasado a la acción, estás haciendo algo por recobrar tu dignidad y tu libertad tantas veces pisoteadas. Meditemos un poco acerca de qué hacer en la práctica. ¿Cómo ha de ser tu comportamiento ante el acosador o acosadores desde ahora?

Sé más asertivo

- Está comprobado que las personas con una menor habilidad para mostrarse asertivos, es decir, para poner límites al comportamiento de los demás e impedir que abusen de ellos, son presa más fácil de los hostigadores psicológicos. Pero también es cierto que, aun cuando el acoso se produzca hacia un sujeto cuyo comportamiento es afirmativo en términos generales, aquél tiene como consecuencia, más tarde o más temprano, una disminución de su capacidad de asertividad. Es una reacción que, aunque va contra los intereses del afectado, resulta razonable y lógica si tenemos en cuenta que éste va perdiendo poco a poco su autoconfianza y percibiéndose a sí mismo como cada vez más incapaz de hacer frente al agresor, cuyo poder crece ante sus ojos en la misma medida en que ve decrecer el propio. Todo ello tiene como consecuencia una cierta paralización en su conducta y, cómo no, también en la parcela de la asertividad. Así, el individuo acosado, que podía mostrarse asertivo y afirmativo, se convierte en alguien pasivo que experimenta una creciente dificultad para establecer límites a los abusos del acosador.

En cambio, mostrarte más seguro y aseverativo ante quien te acosa es fundamental para cortar con los ataques y humillaciones de que te hace objeto. En el epígrafe «Ser más asertivo» de este mismo capítulo, encontrarás útiles consejos para llevarlo a la práctica.

Permanece combativamente sereno

- Es decir, procura en tu lucha contra el acosador mantenerte en todo momento sereno y con sobriedad, o al menos aparentarlo (¡cuidado, también con tu lenguaje corporal!). Ya lo hemos dicho anteriormente, pero es importante insistir en la cuestión. No le proporciones el placer de ver que te altera ni la excusa para poder desprestigiarte con mayor facilidad. Si te ganas fama de inestable o desequilibrado le estarás proporcionando una buena baza para que te gane la partida.

Manejar más adecuadamente el estrés

Evidentemente, estás sufriendo una situación de fuerte tensión: tienes los nervios destrozados, no duermes bien por las noches, sufres de dolores psicosomáticos varios y no encuentras un momento de sosiego. Eres perfectamente consciente de que te convendría estar más sereno y tranquilo, pero no sabes cómo conseguirlo.

Es ahí donde encaja el paso que te vamos a proponer a continuación: que aprendas unas eficaces y adecuadas estrategias de afrontamiento para mejorar tu capacidad de manejar y resistir el estrés, lo cual va a redundar en una visión más clara y objetiva de la situación y en que seas capaz de responder ante ella de manera más eficaz y adecuada a tus intereses.

Dos son las técnicas que de manera más común son empleadas por los profesionales de la psicología para conseguir este objetivo:

- Técnicas de relajación.
- Control de la respiración.

No es objetivo de este libro entrar en la explicación y la enseñanza de estas estrategias de afrontamiento del estrés que tan útiles resultan para todos los casos, como el del *mobbing*, que presentan elevados niveles de ansiedad. Por ello, te remitimos a la bibliografía específica sobre el tema, esperando que encuentres en la práctica de estas técnicas el alivio que tanto necesitas. Véase en el final del libro, en «Lecturas recomendadas», los trabajos de Mª Isabel Vázquez, J. C. Mingote Adán y F. Pérez Corral, el de Lyn Marshall y el de esta autora.

Por otra parte, hay que considerar la posibilidad de que el uso de estas técnicas vaya acompañado de manera paralela de un tratamiento médico, con fármacos, que comúnmente son ansiolíticos, antidepresivos y/o inductores del sueño, a criterio clínico del médico, según sea la sintomatología predominante en la persona afectada.

Ser más asertivo

La asertividad hace referencia al despliegue en el comportamiento de las habilidades que permiten la defensa de los propios derechos legítimos sin quebrantar los derechos de los demás. Es decir, es asertiva o afirmativa aquella persona que es capaz de expresar y defender sus derechos, sentimientos, necesidades, opiniones, etc., desde la posición de que los demás tienen los mismos derechos que ella.

Una persona con una conducta afirmativa es aquella que es capaz de desplegar con naturalidad comportamientos que le permiten:

- Defender sus derechos con firmeza pero sin agresividad, a la par que respetar los derechos de los demás.
- Expresar clara y sinceramente sus opiniones, sus necesidades, sus demandas y sus sentimientos.
- Expresar una negativa sin desvalorizar a la otra persona y aceptando el riesgo que corre, como puede ser el rechazo de esa persona, en alguna ocasión.
- Hacer lo necesario para conseguir sus metas y sus ambiciones, pero sin utilizar a los demás, como haría una persona manipuladora, ni herirlos, invadirlos u ofenderlos, como haría una persona agresiva.
- Manifestar de manera directa una queja cuando la conducta del otro le ha molestado, explicándole exactamente qué parte de su comportamiento ha producido esa molestia, solicitándole una explicación y expresándole lo mucho que le gustaría que esa conducta no se repitiera en el futuro.
- Coincidencia entre su lenguaje verbal y no verbal, sin que haya discrepancias entre uno y otro, lo que se debe fundamentalmente al hecho de estar diciendo con sinceridad lo que se piensa.

Todo esto en la práctica de la situación en que ahora te encuentras se traduce en actitudes y comportamientos como los siguientes:

- Pide explicaciones al hostigador acerca de cualquier hecho que tú consideres que es injustificado y que te perjudica. Es preferible que lo hagas por escrito y, si eres trabajador de la Administración pública, entrega la petición en el registro para evitar así que el escrito se «pierda».
- Cuando te insulte, grite o infravalore tu persona o tu trabajo, no permanezcas callado. Desde la serenidad, hazle saber que no estás de acuerdo con lo que manifiesta y, si insiste, pídele que especifique en qué se basa para hacer tal afirmación. Discute con él los detalles, pero, insistimos, sin dejarte llevar por los nervios.
- Si los compañeros no te hablan y te hacen el vacío, pregúntales por qué observan ese comportamiento contigo y si se basa en algo que tú has hecho y les ha molestado. Es preferible que los abordes uno a uno y en privado, pues en estas condiciones es más probable que se puedan permitir la sinceridad. Aunque esto pueda parecer en principio que no es un cambio en tu conducta hacia el acosador, en realidad sí lo es, pues seguramente el vacío a tu alrededor ha surgido por instigación suya.
- Vigila tu lenguaje corporal. De nada servirá que te muestres asertivo con las palabras si tu postura y los gestos que realizas las desmienten. Procura que tu postura sea relajada, manteniendo tu cuerpo firme y derecho, reflejando seguridad en ti mismo; tu voz clara y firme, sin titubeos ni temblores de voz.

Hay muchos libros en el mercado que te proporcionarán una clara idea de cómo tiene que ser tu lenguaje gestual. De entre ellos te recomendamos *El lenguaje corporal en el trabajo* de Judi James, *El lenguaje corporal* y *El lenguaje del cuerpo* de Allan Pease.

Naturalmente, no podemos asegurarte que comportándote de esta manera vayas a acabar con la situación de acoso que vienes padeciendo. Entra dentro de lo posible que la patología de tu acosador haga que no responda a este intento tuyo e incluso no hay que descartar que, al menos al principio, haya un recrudecimiento de los ataques, para después ir disminuyendo al advertir que tú te mantienes firme en tu postura. Pero sea cual sea el resultado en el agresor, tu autoconfianza y tu dignidad sí lo notarán, y ten por seguro que ellas sí responderán positivamente.

La importancia de la denuncia

Aunque esto ya escapa al campo de la Psicología, queremos advertir de la conveniencia de denunciar las actividades de acoso y a quién o quiénes las ejecutan, poniéndolo en conocimiento del Comité de Empresa, el Comité de Prevención de Riesgos Laborales, la Inspección de Trabajo, el médico de empresa y los superiores jerárquicos del acosador y asesorándose a través de un sindicato o un abogado laboralista, no descartando incluso una denuncia ante el juzgado, medida que está demostrando ser más eficaz cada día. En principio, la doctora Sánchez Carazo, vicepresidenta de la Asociación contra el Acoso Moral en el Trabajo (Acoso SOS-*Mobbing*), recomienda notificarlo al delegado de Prevención de Riesgos Laborales, así como interponer una denuncia ante los servicios de Salud Laboral.

Lo cierto es que, en muchos casos, el hecho de denunciar tiene ya por sí solo un efecto terapéutico. Sin embargo, la denuncia no ha de responder a un acto impulsivo, sino que es preciso realizar antes con la víctima una evaluación precisa acerca de la viabilidad de esa medida y sus posibles consecuencias, con las ventajas e inconvenientes que puede implicar, antes de decidirse por ella y ponerla en práctica. En otras palabras, hay que aconsejar a la víctima que vaya con cuidado, puesto que son un tipo de comportamientos que, según las circunstancias y cómo sean llevadas a cabo, pueden contribuir a agravar la situación en lugar de a mejorarla. Aunque también es cierto que puede ser a la inversa. En cualquier caso, de cara a denunciar hay que:

Recopilar pruebas

El objetivo es que recojas todo tipo de documentos que puedan servirte para demostrar, en cualquier foro en que sea necesario, que estás siento objeto de un acoso psicológico. Para este fin, te sirven los correos electrónicos y todo tipo de escritos en los que se ponga de manifiesto en qué consistía tu actividad y tus atribuciones antes y después del acoso. En este sentido, es necesario que no te conformes con las indicaciones proporcionadas verbalmente. Tu respuesta ha de ser la de solicitar, mediante un escrito, explicaciones acerca de cuestiones como el traslado de tu lugar de trabajo, el cambio de funciones y/o atribuciones, la denegación de permisos, etc., así como que cada orden se te entregue por escrito para que quede constancia de que se te ha dado esa indicación, cuándo se ha hecho y por quién.

Te resultará también útil realizar una grabación de las conversaciones, tanto personales como telefónicas, que mantengas con el acosador o los acosadores. Es algo que llevan a cabo algunas de las víctimas de acoso, bien sea a iniciativa propia o por consejo de un asesor legal. Esas grabaciones pueden servirte para demostrar a algunas personas lo que está ocurriendo, además de que, si hay lugar para ello, cabe la posibilidad de que sean admitidas por un juez como elemento probatorio de la situación de acoso laboral. Con esta misma finalidad, también unas fotografías de tu lugar de trabajo, en el caso de que hayas sido «desterrado», o de otras circunstancias anómalas, como destrozos en tus útiles laborales, pueden resultar un elemento a considerar.

Otro capítulo de pruebas a obtener es el de todos los informes médicos y psicológicos que demuestren tus lesiones, tanto físicas como psíquicas, y la relación que éstas tienen con tu situación laboral.

Llevar un diario

El interés del diario radica fundamentalmente en dos cuestiones. Por un lado, para que no tengas que confiar los sucesos y los datos a la memoria, puesto que es fácil que, al cabo de un tiempo, no se recuerden exactamente todos los detalles o incluso que se olviden, dada la facilidad que tienen las personas acosadas psicológicamente a recordar tan sólo los últimos actos de hostigamiento. Por otra parte, el registro te servirá como un desahogo con un cierto valor terapéutico.

En este registro-diario, anotarás todos aquellos datos que te parezcan pertinentes en tu situación de acoso, recopilando así mismo todo tipo de detalles que algún día puedan servirte para probar los hechos y basar tu defensa: quién ha dicho o hecho tal cosa, con qué palabras se te dijo exactamente, qué otras personas estaban presentes, en qué fecha, etc. De esta manera, se podrá presentar toda la trama de actos concatenados que ha constituido el proceso de acoso. De lo contrario, es más que probable que caigas en el error de narrar un relato confuso, sin un orden cronológico y al que le faltan muchos de los hechos. Ten en cuenta que, para que un acoso psicológico parezca lo que realmente es, es imprescindible presentar toda la suma de hechos, a veces sutiles, que por sí solos no dicen gran cosa. Solamente juntos, unos detrás de otros y ordenados de manera articulada y concatenada, es como proporcionan una perspectiva global y la verdadera dimensión de lo que realmente han constituido: un intento de aniquilamiento psicológico. Juan José Millás nos lo explica así refiriéndose al acoso de Nevenka Fernández: «La carga explosiva se había ido acumulando por la adición de pequeños sucesos de acoso, cada uno de los cuales, aisladamente considerados, eran como las letras desprovistas de significado de un alfabeto. Había que colocar esos acontecimientos uno al lado del otro para advertir que había una sintaxis y un mensaje de terror en el conjunto».

Por su parte, Gerardo Mediavilla, autor de *¿Por qué la han tomado conmigo?* y él mismo acosado, nos explica de una manera clara y en pocas palabras la utilidad, tanto terapéutica como probatoria, que para él tuvo escribir un diario: «Mi diario es un compuesto mágico, que es, por un lado, documento irrefutable de la infamia, y por otro, bálsamo precioso, porque escribir distancia de los hechos. En ese confín, desde una nueva perspectiva cuya cima sobrevuela el drama, tal desgracia muta su apariencia y su magnitud».

Pensar en posibles testigos

Es decir, en aquellas personas que puedan presentar su testimonio a tu favor en caso necesario, ya sea ante una actuación de Inspección de Trabajo o de los superiores, o en los tribunales. Por eso es importante que procures hablar con el acosador siempre ante terceras personas, convencido de que estas últimas no pertenezcan al grupo de acoso.

El orden en que puedes dirigir tus pasos de denuncia podría ser el siguiente:

1) Tus superiores jerárquicos o los de la persona que te está acosando y, en su caso, el Departamento de Recursos Humanos. Es muy recomendable que esta queja la lleves a cabo de manera formal y por escrito. Todavía mejor si consigues quedarte con una copia de la misma sellada, en la que indique de manera fehaciente que se ha entregado y en qué fecha. Puedes utilizar el burofax o, en el caso de que trabajes en la Administración pública, presentarla en el «registro de entrada». Evitarás que después te digan que «se ha traspapelado» o, peor aún, que nunca la presentaste.
2) Otras instancias de la organización en la que trabajas, como el servicio médico de empresa o la mutua, el Comité de Prevención de Riesgos Laborales y el Comité de Empresa. En este paso es muy conveniente que consigas, ya sea a través del médico de la empresa o de la mutua, o de quien te esté atendiendo en el Servicio de Salud correspondiente, un informe pericial acerca de las lesiones físicas, psíquicas o psicosomáticas que estás sufriendo y que presumiblemente son achacables a la situación de acoso laboral que estás padeciendo.
3) Inspección de Trabajo, que es quien tiene la obligación de iniciar la correspondiente investigación para delimi-

tar si los hechos acaecidos están vulnerando tus derechos como trabajador. En caso de que así lo considere, mediará para hallar un vía de solución. Además, el informe emitido por esta institución tiene presunción de veracidad ante un tribunal.

4) Tribunales, vía reservada para el supuesto de que las anteriores vías no hayan supuesto una solución de la situación que resulte satisfactoria para tus intereses. Si finalmente te decides por ella, puedes optar por diferentes vías judiciales: social, civil, contencioso-administrativa (en el caso de ser funcionario de la Administración pública y previamente haber realizado la reclamación administrativa correspondiente) o penal. En cualquier caso, habrá de ser tu abogado quien te recomiende cuál es la más adecuada en tu caso.

Ten en cuenta que el recurso a los tribunales es una medida que, en algunas ocasiones, no queda otro remedio que tomar, pero, si finalmente optas por ella, hazlo teniendo en cuenta su coste económico, psicológico, la ruptura total con la empresa que supone de hecho, la incertidumbre acerca de la sentencia y sus consecuencias en caso de que resulte negativa para ti. Así que espérate a tomar esta iniciativa para cuando estés lo suficientemente fuerte y sereno desde el punto de vista psicológico como para soportar las presiones y el desgaste emocional que inevitablemente conlleva una cuestión como ésta. Una buena idea puede ser valorarlo junto con el psicólogo que lleve tu tratamiento, así como, por descontado, con el abogado que se encarga de tu caso.

La ayuda del entorno familiar

La pareja de una víctima de acoso laboral puede realizar, si obra de la manera adecuada, un espléndido papel terapéutico sirviéndole de apoyo, por un lado, y de guía en el proceso de superación del *mobbing* y sus secuelas, por otro. Claro está que lo que acabamos de decir conlleva también la otra cara de la moneda: si quien ha de ser un soporte emocional no ve el problema, no lo entiende, no sabe por qué pasa lo que pasa y no da la respuesta conveniente, los resultados para el agredido serán nefastos porque lo convertirán en una doble víctima: víctima de acoso en el trabajo y víctima de la incomprensión en casa. Es lo que Ege ha denominado el «doble *mobbing*», y tendrá forzosamente consecuencias desastrosas para la relación de pareja: incomunicación, alejamiento afectivo y, en ocasiones, la ruptura y el divorcio, salida no poco frecuente en los casos de acoso psicológico en el trabajo.

Ahora querríamos dirigirnos a ti, cónyuge, novio o pareja de alguien afectado de *mobbing*. Partimos de la base de que hay buena voluntad por tu parte y estás deseoso de entender lo que le ocurre a tu ser querido, de saber el porqué de sus tristezas, sus silencios, su dar vueltas en la cama sin acabar de conciliar el sueño reparador que tanto necesita, su falta de ganas de vivir y su aversión por el trabajo en los últimos tiempos. Estás en buena disposición y sólo necesitas para poner en marcha tu ayuda la información necesaria. Es precisamente eso lo que vamos a intentar proporcionarte a continuación.

- Lee e infórmate a fondo sobre el problema. Si has seguido este libro hasta aquí, ya es un buen primer paso. Continúa y busca más información entre las lecturas recomendadas y las webs de Internet que te sugerimos. En cada uno de esos lugares encontrarás una perspectiva distinta, un matiz diferente, un nuevo consejo.

- Ahora que ya comprendes lo que ocurre, puedes pasar a actuar. Dialoga, dialoga y continúa dialogando con tu pareja. Realiza una escucha activa, esto es, no te limites a dejar que «suelte su rollo». Ya has visto cuáles son los puntos importantes a conseguir para ganarle la batalla al *mobbing*. Incide en ellos cuando converses con tu compañero sobre el tema: hazle ver el problema y en qué consiste, desculpabilízale, no permitas que vaya de victimista, anímale a que se enfrente a su agresor, indícale las estrategias adecuadas para ello. Tú, que no estás tan mermado en tus fuerzas y ves la situación con más objetividad por no estar tan metido de lleno en ella, puedes. Si no te crees suficientemente capacitado para ello por albergar todavía dudas acerca de cuáles son las actitudes más convenientes, consulta. Si tu pareja acude a un profesional de la psicología, ésa es la persona adecuada. Si no es así y no creéis que sea necesario u oportuno hacerlo, puedes —podéis— acudir a una de las asociaciones de autoayuda.

- Haz que se sienta querido, apoyado, comprendido y aceptado incondicionalmente como persona. Pero ¡ojo! porque esa actitud, que tan necesaria resulta para tu pareja en este momento de su vida, no debe traducirse en darle la razón en todo sin más, sólo para que se sienta bien. Deja un amplio espacio para que se desahogue de los malos tragos vividos en el trabajo, pero no permitas que eso se convierta en un monotema que acapare toda la atención y el tiempo que pasáis juntos. Al contrario, es necesario que se converse sobre otros temas y realicéis juntos

otras actividades: es el momento, si se han abandonado, de recuperar las aficiones con las que tan buenos ratos habéis pasado.
- Es posible que tu pareja presente últimamente alguna disfunción sexual o simplemente tenga menos predisposición a mantener relaciones íntimas. Ya has visto que es uno más entre los destrozos psicofísicos que origina el *mobbing*. Compréndelo, no le presiones, piensa en ello como algo temporal que pasará cuando venza el acoso y, mientras tanto, buscad entre ambos actividades sexuales alternativas que os resulten gratificantes.

El apartamiento temporal del trabajo

Una medida terapéutica que puede resultar necesaria en bastantes casos de hostigamiento en el trabajo, y que a veces es realmente indispensable, es el apartamiento temporal de la persona afectada del centro de trabajo mediante una incapacidad laboral transitoria cuya duración tendrá que ir forzosamente en relación con la evolución del caso. Según los estudios de la psiquiatra Hirigoyen en Francia, la duración media de la baja laboral en los casos de acoso laboral es de 138 días; los resultados se reparten de la siguiente manera:

— En el 23 % de los casos, menos de un mes.
— Un 23,5 %, de 1 a 3 meses.
— El 36 %, de 3 meses a 1 año.
— Un 10,5 % estuvo de baja de 1 a 2 años.
— Un 7 %, durante 2 o más años.

A veces, no obstante, resulta difícil que la víctima acepte esta baja laboral. Muchas de ellas la rechazan alegando razones como las siguientes:

- Temor a empeorar la situación y a que, una vez reincorporado nuevamente al trabajo, los hechos de acoso sean todavía más frecuentes y más crueles.
- Se considera que abandonar el trabajo supone una debilidad por su parte y una falta de responsabilidad. Dado que suelen ser personas muy exigentes consigo mismas y con un elevado concepto de la responsabilidad, la idea de la baja se les hace bastante insoportable.
- Por las habladurías e incomprensión que se suscitarán en el ámbito laboral. Realmente ésta es una contingencia para la que tienes que estar muy preparado, pero que en ningún caso debe impedirte aquello que tu salud necesita. Los problemas psicológicos continúan siendo mal entendidos —aunque cada vez menos, afortunadamente— como causa que impida acudir normalmente al trabajo; al fin y al cabo, no tienes fiebre, no te han operado, y puedes moverte, por lo que no faltarán compañeros, con tu acosador a la cabeza, que digan que lo tuyo es «cuento». Éste, además, no dejará de utilizar la circunstancia para propagar infundios como que «está mal de la cabeza», «no resulta productivo para la empresa», etc., confundiendo así intencionada, interesada y perversamente los efectos de lo que te ha hecho con la causa de lo que ha ocurrido.
- Por empecinamiento en «no va a poder conmigo» (refiriéndose al acosador y su banda).
- Porque su agresor le ha amenazado con el despido o el traslado si falta al trabajo por enfermedad.

Pero, dado que las acciones de hostigamiento son causa directa de una merma de las facultades físicas y psíquicas de la víctima, y aun de enfermedad, la baja es necesaria en muchos casos, aunque tan sólo sea como una forma de disminuir el sufrimiento de la persona maltratada psicológicamente y darle un tiempo para que recupere sus fuerzas.

Una cuestión importante que ha de tenerse en cuenta a la hora de coger la baja es solicitarla como producida por accidente laboral y no por enfermedad común. Aunque no existe un reconocimiento explícito de ello, lo cierto es que poco a poco se va consiguiendo sentar jurisprudencia en este sentido. Ya existen algunas sentencias que reconocen el problema, entre ellas la 00058/2001 del Juzgado de lo Social de Pamplona, en la que se establece que el acoso moral en el trabajo ha de ser considerado como accidente laboral, basándose en el artículo 115.1 de la Ley General de la Seguridad Social que define el accidente de trabajo como «toda lesión corporal que el trabajador sufra con ocasión o por consecuencia del trabajo que ejecuta por cuenta ajena», y en el hecho de que el Tribunal Supremo amplió el concepto de lesión «a las lesiones de evolución insidiosa o lenta y tanto a la herida manifestada externamente como a la dolencia sin manifestación externa notoria y al trastorno fisiológico y funcional». Puede revisarse la sentencia completa en <www.mobbing.nu/sent-XXXfrenteaMUTUALCYCLOPS.htm>.

Para obtener este reconocimiento, es recomendable que lo solicites por burofax al empleador, enviando copia, también por este sistema, al Instituto Nacional de Seguridad Social, al servicio médico de empresa y a la Inspección de Trabajo.

Tampoco hay que perder de vista que en los casos más graves y crónicos de acoso psicológico en el trabajo la única solución puede pasar por el cambio de departamento dentro de la propia empresa, cuando eso supone un alejamiento real y efectivo de la persona o personas acosadoras y siempre que eso sea posible por las características de la empresa, o incluso el cambio de empleo. Hay que tener en cuenta que en algunos casos se hace literalmente imposible la reinserción laboral en el mismo puesto, dado que es allí donde se encuentra también el acosador. Esto es así especialmente en aquellos casos en los que la situación de acoso viene produciéndose durante un período de tiempo muy prolongado.

Las asociaciones de autoayuda

Si estás acosado en tu trabajo, te resultará de suma utilidad acudir a una asociación de afectados. Estas asociaciones desempeñan un papel muy importante en la ayuda a las víctimas y a sus familiares, por lo que no podemos dejar de felicitarnos de que en los últimos años hayan sido varias las que se han creado y exista al menos una en la mayoría de comunidades autónomas. Los servicios que por lo general prestan se refieren a asesoría jurídica y psicológica, además de actuaciones para promover la difusión del *mobbing* y la formación a través de cursos y jornadas.

A modo de ejemplo, citamos a continuación los fines propuestos por ASASCAPT (Asociación Asturiana contra el Acoso Psicológico en el Trabajo), extraídos de su página web <www.asascapt.org>, muy parecidos a los de prácticamente la totalidad de asociaciones que funcionan a lo largo de nuestra geografía nacional. Son los siguientes:

- Promover ante todos los agentes sociales las medidas necesarias para dar a conocer y erradicar la lacra del acoso

psicológico y el psicoterrror como medio de sometimiento y humillación de los trabajadores y trabajadoras, con independencia de su estatus profesional y de cuál sea el ámbito en el que desempeñan su trabajo.
- Promover, ante los distintos órganos de representación social, ante las instituciones y ante las administraciones públicas, cuantas actuaciones sean necesarias para que las víctimas de acoso psicológico sean protegidas por una legislación adecuada.
- La asociación promoverá la ayuda y asistencia de las víctimas del acoso psicológico y su defensa con los medios de los que pueda disponer.
- Promover el estudio del fenómeno y prevenirlo mediante acciones de carácter divulgativo, formativo, etc., evitando la propagación de esa lacra sociolaboral, preservando los derechos de los trabajadores y los de sus familias, especialmente el derecho a la salud, a la dignidad, a la igualdad, como nuestra Constitución prevé.

En el apéndice 1 encontrarás las direcciones de todas o casi todas las asociaciones de autoayuda que se han creado en los últimos años para luchar contra el *mobbing*.

¿Es posible un final feliz?

Recordemos nuevamente lo que Ricardo Pérez Accino decía en su carta, recogida de la web de ANAMIB:

> Entonces ya estás en el mejor camino para volver a renacer. Será un largo camino, duro y pedregoso, pero al final de él te espera un nuevo día, tendrás más experiencia, serás más tole-

rante, querrás más a la gente por lo que es y no por lo que representa. Hoy, créeme, todavía no lo sabes, pero si estás siendo acosado moralmente, la vida, las circunstancias... quien te acosa, te está brindando la oportunidad de iniciar una etapa nueva en tu vida, llena de esplendor, de evolución positiva y crecimiento interior.

NO PIERDAS LA OPORTUNIDAD DE HACERTE UN POCO MÁS HUMANO.

Evidentemente, y aunque nada nos gustaría más que poder tener un mayor optimismo en esta cuestión, no siempre es posible ese final feliz después de un proceso de acoso laboral, ese renacer, cual Ave Fénix de sus cenizas, para iniciar una vida más plena tras haber experimentado un proceso de maduración y crecimiento personal. Pero, afortunadamente, no deja de haber casos en los que acaba habiendo una salida positiva al acoso psicológico en el trabajo. Que tu caso esté en uno u otro extremo depende en buena medida de ti, aunque también de la ayuda que obtengas de los demás en el camino. Para conseguirlo, quizá te convenga plantear tu enfrentamiento contra el *mobbing* desde la actitud del gran líder Ghandi, quien decía: «Lucho para cambiar el actual estado de las cosas, no para castigar a nadie». Es decir, combate desde la defensa de tus derechos, no desde el odio y el deseo de venganza hacia el acosador.

Si has sido capaz de seguir el proceso de superación del *mobbing* yendo de un paso a otro de los aquí recomendados y cumpliendo las metas propuestas en cada uno de ellos, has vencido, has ganado la batalla decisiva. Pero eso no quiere decir necesariamente que hayas ganado la guerra. He visto cómo personas que habían padecido un acoso laboral seguían obsesionadas con su agresor («me dijo...», «me hizo...», «¿por qué a mí?», «no le olvidaré mientras viva»), incluso tiempo después de haber dejado la empresa, cuando ya nada podía hacerles y ni siquiera le seguían viendo salvo en su mente y sus recuerdos. Estrictamente hablando, ya no hay *mobbing*, pero el sufrimiento ha sido tan descarnado que la persona afectada se siente incapaz de olvidar. ¿Por qué no puede olvidar? Porque le sigue uniendo a su agresor el sutil vínculo del odio. Manolo, una víctima de acoso que es entrevistada por Gerardo Mediavilla en el libro *¿Por qué la han tomado conmigo?*, nos lo explica de esta admirable manera:

> Junto a nuestros acosadores, nuestro otro enemigo es el odio. El odio es nuestra respuesta instintiva contra aquellos que nos roban o asesinan la ilusión, los sueños, la identidad, nuestros deseos de superación y otros valores del medio laboral. Se nos llena la cabeza y el corazón de odio, y debemos esforzarnos por vaciarnos de él.

Y pasando ya a la práctica, ¿qué sería lo que propiciaría pasar página y empezar capítulo nuevo? Algo que algunos estudiosos del tema proponen como último y definitivo paso para desterrar el *mobbing* de tu vida de una vez por todas: el perdón al acosador, es decir, el dejar el odio a un lado. La idea puede parecerte un poco fuera de tono al principio. Quizá te suscite muchas preguntas:

— ¿Por qué tengo yo que perdonar a quien casi acaba conmigo?
— ¿Se me puede pedir tanto?
— ¿Es posible que pueda dejar de odiarle después todo lo que me hizo?
— ¿No se contradice esto con lo que tuve que hacer al

principio, que fue descargarme de la culpa que me había hecho sentir y atribuírsela a él, que es quien realmente la tenía?

Es lógica tu reacción. Nos sucedería a la mayoría si hubiéramos estado en tu situación. Hay que tener en cuenta que el odio es una etapa necesaria, podríamos decir que forma parte de tu proceso de extroyección de culpa. Pero no es el final. Ése es el perdón. Porque resulta que, si lo analizamos fríamente, llegamos a la conclusión de que no dejar de odiarle y, en consecuencia, no perdonarle, te está produciendo problemas —seguir obsesionado con él y con lo que te hizo—, y para resolver los problemas hay que ser práctico y echarle sentido común a la solución, lo cual quiere decir que en ocasiones hay que hacer no lo que a uno le apetece ni le sale de las entrañas, sino lo que representa la mejor solución. Y en estos momentos, lo cierto es que para recuperar al cien por cien tu bienestar, tu mejor opción es perdonar a quien te agredió. Sólo dejando de odiar al enemigo y perdonándole puedes liberarte de él. Por el contrario, nadie puede ser feliz y llevar una vida plena llevando a cuestas el lastre del odio. No olvides que alguien dijo que el odio ata, mientras que el perdón desata. Mientras sigas odiando, continuarás de una manera u otra ligado a tu acosador. Es necesario que perdones para que llegues a ser capaz de plantearte: «Lo voy dejando atrás, ya no me afecta». Un espléndido ejemplo de liberación personal a través del perdón lo encontrarás en la última novela de Mercedes Salisachs *El último laberinto,* cuya referencia bibliográfica completa encontrarás en el apartado de «Lecturas recomendadas». Su lectura puede resultarte muy útil y aleccionadora.

Olvidar y perdonar no significa en ningún caso que estés de acuerdo con los reprobables comportamientos de tu acosador, que los justifiques ni tampoco que dejes de darles la importancia que tuvieron. Supone, eso sí, que realices un esfuerzo para comprender su conducta. No por él, sino por ti, en tu propio beneficio.

Y sólo tras el perdón podrás adoptar la actitud de Elena, la protagonista de *Danza de máscaras*, de Carmen Bandrés, quien, tras enterarse de la caída en desgracia de su acosador, que empezó a acontecer tras un suceso provocado por ella misma, y haber sido capaz de rehacer su propia vida, nos dice:

> *No siento ninguna emoción. Quizá en otro tiempo hubiera saltado de alegría. Ahora sólo la indiferencia absoluta. Ni siquiera el menor orgullo por aquella hazaña, cuyo éxito desbordó todas mis previsiones. Ni orgullo, ni vergüenza. Sencillamente, lo he superado. Aquellos nombres malditos han desaparecido de mi vida. Su profunda huella vivirá siempre conmigo, porque forjó mi forma de ser. Pero ya no importa. Tampoco quiero mirar al pasado. Sólo al presente. Y al futuro.*

Apéndice 1
Dónde puedes conseguir ayuda

En el panorama internacional tenemos los siguientes organismos:

(AESST) Agencia Europea para la Seguridad y la Salud en el Trabajo
Gran Vía, 33. 48009 Bilbao
Teléfono: 94.479.57.46
Fax: 94.479.43.83
Dirección electrónica:
<http://es.osha.eu.int>
Correo electrónico:
<information@osha.eu.int>

Fundación Europea para la Mejora de las Condiciones de Vida y de Trabajo
Wyattville Road, Loughlinstown, Co. Dublín, Irlanda
Teléfono: ++353 1 2043125
Fax: ++353 1 2822533
Dirección electrónica:
<www.eiro.eurofound.ie>

Red Europea de Promoción de la Salud en el Lugar de Trabajo
INSHT-CNCT
C/ Dulcet, 2-10. 08034 Barcelona
Teléfono: 93.280.01.02 Fax: 93.280.36.42
Dirección electrónica:
<www.mtas.es/insht/>
Correo electrónico:
<cnct@insht.es>

En nuestro país:

INSHT (Instituto Nacional de Seguridad e Higiene en el Trabajo)
Torrelaguna, 73. 28027 Madrid
Teléfono: 91.403.70.00 Fax: 91.403.00.50
Dirección electrónica:
<http//www.mtas.es/insht/>
Correo electrónico:
<info@insht.es>

ECONORM (Centro de Recursos de Prevención de Riesgos Laborales y Medio Ambiente)
C/ Puerto Escondido, 1-5. 38002 Santa Cruz de Tenerife
Teléfono: 922.247.302 Fax: 922.293.341
Línea directa: 900.304.304

Asociación Española contra el Acoso Psicológico en el Trabajo
Dirección electrónica:
<www.antiacoso.com>
Correo electrónico:
<info@antiacoso.com>

(FACAPT) Federación Estatal de Asociaciones contra el Acoso Psicológico en el Trabajo
Presidente: Manuel Hernández Sáez
Teléfono: 696.23.54.55
Correo electrónico:
<jmsm20@hotmail.com>

SOS Acoso-Mobbing
Teléfono: 661.79.29.83
Correo electrónico:
<asociacioncontraelacosolaboralsosmobing@hotmail.com>

Plataforma de Empleados de Telefónica contra el Acoso Moral (PETAM)
Presidente: Manuel Paracuellos Cortés

Asociación para la Defensa del Acoso y otros Derechos Fundamentales (APADEMA)
Teléfono: 91.536.12.47
Dirección electrónica:
<www.derechosfundamentales.com>
Correo electrónico:
<info@derechosfundamentales.com>

Asociación Nacional de Abogados Laboralistas
C/ Gaztambide, 20, 1º A. 28015 Madrid
Teléfono: 902.10.19.84
Direccción electrónica: <www.elaboralista.com>
Correo electrónico:
<elaboralista@elaboralista.com>
Tiene delegaciones territoriales en algunas comunidades autónomas.

Por comunidades autónomas, puedes encontrar ayuda en las siguientes direcciones:

Andalucía

AGAVAL (Asociación Gaditana de Ayuda a Víctimas de Acoso Laboral)
Dirección electrónica:
<http://usuarios.lycos.es/agaval>
Correo electrónico:
<agaval@ono.com>
ASACAMT (Asociación Andaluza contra el Acoso Psicológico en el Trabajo)
Presidenta: Juana Sánchez Montero
C/ Carpinteros, 6, 3º D. 41008 Sevilla
Teléfonos: 610.89.08.52 / 955.68.32.74
Dirección electrónica:
<www.asacamt.es.vg>
Correo electrónico:
<asacamt@terra.es>

Aragón:

ARACAP (Asociación Aragonesa contra el Acoso Psicológico)
Presidenta: Lola Valladares
Pº Pablo Gargallo, 13. 50003 Zaragoza
Teléfonos: 976.07.88.94 / 90
Correo electrónico:
<aracapaljaferia@terra.es>
ASACAPT (Asociación Aragonesa contra el Acoso Psicológico en el Trabajo)
Presidente: Eugenio Calleja
C/ Pedro I de Aragón, 8, 4º A. 50003 Zaragoza

Teléfono: 678.44.81.76 / 976.70.01.14
Correo electrónico:
<asacapt@terra.es>

Asturias:

ASASCAPT (*Asociación Asturiana contra el Acoso Psicológico en el Trabajo*)
Presidente: Manuel Baena Bazalo
Centro Social Campomanes (presencia física los miércoles de 18 a 20 horas)
C/ Campomanes, 12. 33008 Oviedo
Teléfono: 696.15.21.11. Lunes y jueves de 12,30 a 15,30 horas; martes, jueves y viernes de 10 a 13 horas.
Dirección electrónica:
<www.asacapt.org>
Correo electrónico:
<correo@asascapt.org>

Baleares:

ANAMIB (Asociación NO al acoso moral y/o psicológico en Illes Balears)
Presidenta: María Guirao i Torner
Pza. Rodríguez de la Fuente, s/n. 07009 Palma de Mallorca
Teléfono: 687.04.48.11
Dirección electrónica:
<www.ANAMIB.com>
<http://perso.wanadoo.es/rpaccino.cuerpo.htm>
Correo electrónico:
<ANAMIB@telefonica.net>

CANARIAS:

ACEPCAMT (*Asociación Canaria de Empleados Públicos contra el Acoso Moral en el Trabajo*)
Teléfonos: 646.38.83.68 / 928.05.05.07
Dirección electrónica:
<www.acepcamt.com>
Correo electrónico:
<presidente@acepcamt.com>

CASTILLA-LA MANCHA:

Asociación Castellano-Manchega contra el Acoso Psicológico en el Trabajo
Presidenta: Sonia Ruiz Martínez
Teléfono: 651.07.50.11
Correo electrónico: <sruiz_m@onop.com>
ACAM (Asociación Creativa Anti-Mobbing)
C/ Joaquín Rodrigo, 16. Cuenca
Correo electrónico:
<mobbingcu@hotmail.com>
Asociación contra el Acoso Laboral S.O.S.-MOBBING (en Albacete)
Presidente: Carlos Martínez Peral
Teléfono: 661.79.29.83
Dirección electrónica:<www.galeon.com/sosmobbing>
Correo electrónico:
<asociacioncontraelacosolaboralsosmobbing@hotmail.com>

CASTILLA-LEÓN:

AECAMT (Asociación Española contra el Acoso Moral en el Trabajo)

Presidente: Dr. P. J. Cortés
Teléfono: 619.54.63.85
Correo electrónico:
<acoso@nova.es>

CATALUÑA:

CLAM (Associació contra l'Assatjament Moral)
Presidenta: Marina Parés i Soliva
La Farinera del Clot. Gran Vía Corts Catalanes (frente Carrefour-Plaza de las Glorias). Barcelona
Teléfono: 630.370.086
Correo electrónico:
<clam@xarxabcn.net>
MOBBING NO! Associació Catalana
Teléfono: 690.38.02.41 (atención directa: martes de 18 a 20 horas)
Correo electrónico:
<correu@mobbingNo.org>
ASAM (Asociación Alto al Mobbing)
Centre Cultural Sta. Eulalia. C/ Santa Eulalia, 60. L'Hospitalet de Llobregat
Teléfono: 656.48.69.11
Correo electrónico:
<asambcn@hotmail.com>
AVALC (Asociación Víctimas de Acoso Laboral de Cataluña)
Teléfono: 652.91.34.70
Correo electrónico:
<acosolabcat@wanadoo.es>
Dirección electrónica:
www.avalc.vze.com

COMUNICAD VALENCIANA:

AVEAP (Asociación Valenciana Pro-Erradicación del Acoso Psicológico)
Presidente: Juan Vicente Navarro
C/ Fuencaliente, 1. Valencia
Teléfono: 661.63.58.15
Correo electrónico:
<juvinal@wanadoo.es>
AVCAPT (Asociación Valenciana contra el Acoso Moral en el Trabajo)
Presidenta: Angeles Berlanga o Mª Amparo Ros
Correo electrónico:
<valencianacontraacos@wanadoo.esvv>
Asociación contra el Acoso Psicológico Laboral o Mobbing de Elche Comarca y Vega Baja
Correo electrónico: <libacos@eresmas.com>
Grupo de Trabajo de la Comunidad Valenciana-Istas
Teléfono: 654.83.58.57

EXTREMADURA:

Asociación antimobbing en Extremadura
Contacto: Manuel Beato Víbora, abogado
Teléfono: 927.62.76.00
Asociación Extremeña contra el Acoso Moral en el Trabajo
Secretaria: Mª A. Saavedra
Correo electrónico:
<sos@asemcat.info>
PECAL (Plataforma Extremeña contra el Acoso Laboral)
Correo electrónico:
<pecalcc@wanadoo.es>

GALICIA:

AGACAMT (Asociación Gallega contra el Acoso Moral en el Trabajo)
C/ Juan, XXIII, 10, 5°. 15001 A Coruña
Teléfonos: 637.954.900 / 617.537.085
Dirección electrónica:
<www.terra.es/personal7/agacamt/>
Correo electrónico:
<agacamt@hotmail.com>

MADRID:

ACAL (Asociación contra el Acoso Laboral)
Presidente: Manuel Hernández Sáez
C/ Rafael de Riego, 4. 28045 Madrid
Dirección postal: C/ La Reina de África, 6. 28018 Madrid
Teléfonos: 636.630.608
Correo electrónico:
<acosolaboral2002@yahoo.es>
(Reuniones los miércoles a las 18 horas en Rafael de Riego, 4, bajo, local IU).
Asociación MOBBING ALTO YA
Camino de Leganés, 54, local. Móstoles (Madrid)
Teléfonos: 91.647.72.73 Fax: 91.647.72.73
Correo electrónico: <NOMOBBING@telefonica.net>

MURCIA:

Asociación Murciana contra el Acoso Moral en el Trabajo
Presidente: Ramón Murcia Alburquerque
Correo electrónico:
<rrrrr@nm.com>

NAVARRA:

ANACASIT (Asociación Navarra contra el Acoso Laboral)
Presidente: José Luis Úriz Iglesias
C/ Marcos Goñi de la Chantrea (antigua sede de Andraize)
Teléfono: 902.19.67.84
Atención directa: lunes de 17 a 20 horas
Dirección electrónica: <www.anacasit.com>
Correo electrónico: <anacasit@anacasit.com>

PAÍS VASCO:

AVAL (Asociación Vasca contra el Acoso Laboral)
Presidenta: Blanca Ruiz de Olano
Teléfonono: 605.71.91.92 / 618.34.52.06 / 945.28.42.86
Dirección electrónica:
<www.avaleme.org>
Correo electrónico:
<info@avaleme.org>
Asociación contra el Acoso Moral en el Trabajo
C/ Antonio Machado, 17, 3º A. 01010 Vitoria-Gasteiz
Teléfonos: 945.17.51.42 / 656.73.05.17
Euskadiko Laneko jazarpen moralaren kontrako Hirigoyen elkartea. Asociación contra el Acoso Moral en el Trabajo del País Vasco Hirigoyen
C/ Luis Briñas, 18, 1.ª planta, sala 2. 18013 Bilbao
Teléfono: 660.52.28.99
Correo electrónico:
<asociacionhirigoyen@hotmail.com>

Finalmente, puedes contar con la ayuda que te prestarán en cualquier sindicato, cuyas direcciones no incluimos, dado que sería demasiado extenso y consideramos que es de suma facilidad averiguar su localización. Los principales son:

UGT (*Unión General de Trabajadores*)
<www.ugt.es>
CC.OO. (*Comisiones Obreras*)
<www.ccoo.es>
CSI-CSIF (*Central Sindical Independiente de Funcionarios*)
<www.csi-csif.es>
USO (*Unión Sindical Obrera*)
<www.uso.es>
CGT (*Confederación General del Trabajo*)
<www.cgt.es>
CESM (*Confederación Estatal de Sindicatos Médicos*)
<www.cesm.org>
SATSE (*Sindicato de Enfermería*)
<www.satse.es>
STEs (*Confederación de Sindicatos de Trabajadores de la Enseñanza*)
<www.stes.es>
ANPE (*Sindicato Independiente de Profesores*)
<www.anpe.es>
SPS (*Sindicato de Profesores de Secundaria*)
<http://sindicato.org>
APS (*Asociación de Profesores de Secundaria*)
<www.apsnacional.com>

OTRAS DIRECCIONES ÚTILES EN INTERNET:

<www.Leymann.se>
<www.mobbing.nu>
<www.mobbing-opinion.com>

<www.acosomoral.org>
<www.cesil.com/0300/mobit03.htm> (en italiano)
<www.bullyonline.org> (web de UK National Workplace Bullying Advice Line)
<www.la increiblehistoria.es>
<www.fiscalia.org>
<www.lexjuridica.com/boletin/articulos/0027.htm>
<www.forosdelmobbing.info>

Apéndice 2
Legislación laboral y documentos sobre el tema

- Constitución Española del 27 de diciembre de 1978 (BOE del 29 de diciembre de 1978). En <www.congreso.es/funciones/constitucion>
- Ley Orgánica 10/1995, del 23 de noviembre, del Código Penal (BOE del 24 de noviembre de 1995; corrección de errores en BOE del 2 de marzo de 1996). En <www.noticias.juridicas.com/base_datos/Penal/lo10-1995.html>
- Real Decreto 1/1995, del 24 de marzo, por el que se aprueba el Texto Refundido de la Ley del Estatuto de los Trabajadores (BOE del 29 de marzo de 1995). En <www.noticias.juridica.com/base_datos/Laboral/rdleg1-1995.html>. Modificado en varias ocasiones, son especialmente interesantes los cambios introducidos en la Ley 62/2003 del 30 de diciembre de medidas fiscales, administrativas y del orden social, en particular el capítulo III «Medidas para la aplicación del principio de igualdad de trato» dentro del título II *De lo social* (BOE del 31 de diciembre de 2003).
- Ley 31/1995, del 8 de noviembre, de Prevención de Riesgos Laborales (BOE del 10 de noviembre de 1995). En <www.mtas.es/insht/legislation/L/lprl.htm>

- Real Decreto 1488/1998, del 10 de julio, de adaptación de la legislación de prevención de riesgos laborales a la Administración General del Estado (BOE del 17 de julio de 1998). En <www.mtas.es/insht/legislation/RD/Admongral.htm>
- Real Decreto Legislativo 1/1994, del 20 de junio, por el que se aprueba el texto refundido de la Ley General de la Seguridad Social (BOE del 29 de junio de 1994). Verlo en <www.noticias.juridicas.com/base_datos/Admin/rdleg1-1994.html>
- Real Decreto 1995/1978 por el que se aprueba el cuadro de enfermedades profesionales (BOE del 25 de agosto de 1978). Modificado por el Real Decreto 2821/1981 (BOE del 1 de diciembre de 1981). En <www.mtas.es/insht/legislation/RD/cuadro.htm>
- Proposición de Ley del Grupo Parlamentario Federal Izquierda Unida sobre la inclusión del acoso psicológico como infracción laboral en el Estatuto de los Trabajadores (BOCG. Congreso de los Diputados, serie B, número 280-1, de 23 de marzo de 1999). En members.tripod.com/ugt_indra/acoso_psic.html
- Proposición de Ley 122/000157 «Derecho a no sufrir acoso moral en el trabajo» (Boletín Oficial de las Cortes Generales del 23 de noviembre de 2001). En <www.mobbing.nu/derechoanosufrir23112001.pdf>
- Proposición de Ley 122/000158 «Orgánica por la que se incluye un artículo 314 bis en el Código Penal tipificando el acoso moral en el trabajo» (Boletín Oficial de las Cortes Generales del 23 de noviembre de 2001). En <www.mobbing.nu/314biscp23112001.pdf>. Lamentablemente, es una iniciativa que todavía no se ha plasmado en la práctica.

- Nota Preventiva 476 del Instituto Nacional de Seguridad e Higiene en el Trabajo: «El hostigamiento psicológico en el trabajo: *mobbing*». En <www.mtas.es/insht/ntp/ntp_476.htm>

Lecturas recomendadas y filmografía

Literatura científica y de autoayuda

Ausfelder, T., *Mobbing. El acoso moral en el trabajo. Prevención, síntomas y soluciones*. Barcelona, Océano, 2002.

Bernstein, A., *Vampiros emocionales*. Madrid, EDAF, 2001.

Blanco, C., *Acoso moral, miedo y sufrimiento. Eichmann en la globalización*. Madrid, Ediciones del Orto, 2003.

Bosqued Lorente, M., *¡Que no te pese el trabajo! Cómo combatir el estrés y la ansiedad en el ámbito laboral: mobbing, estar quemado, tecnoestrés…* Barcelona, Gestión 2000, 2005.

Buendía, J. y F. Ramos, *Empleo, estrés y salud*. Madrid, Pirámide, 2001.

Burns, D. D., *Autoestima en 10 días*. Barcelona, Paidós, 2000.

Calle, R. A., *¡Otra vez lunes! Técnicas para superar el estrés laboral*. Madrid, Oberón, 2000.

Castilla del Pino, C. y otros, *La envidia*. Madrid, Alianza, 1994.

Cortés Díaz, J. M., *Ley de Prevención de Riesgos Laborales. Su desarrollo reglamentario*. Madrid, Tebar, 2002.

Escudero Moratalla, J. F. y G. Poyatos y Mata, *Mobbing: Análisis multidisciplinar y estrategia legal*. Barcelona, Bosch, 2004.

Estivill, E. y S. De Béjar, *¡Necesito dormir! El insomnio sí tiene solución*. Barcelona, Plaza & Janés, 1997.

Fanés, V., *La Clínica del Desmorir. Un abordaje clínico sobre la violencia psicológica y el acoso moral*. Buenos Aires, 2004.

Fernández Aguado, J., *1000 consejos para un directivo*. Madrid, CIE Dossat, 2000.

Fuertes Rocañín, J. C., *Acoso laboral…¡Mobbing! Psicoterrorismo en el trabajo*. Madrid, Arán Ediciones, 2004.

García Agustín, L., *¿Hacemos las paces?* Madrid, Temas de Hoy, 2003.

García Romero, P. y D. H. Rolsma Tehusijarana, *Trabajando con el enemigo. Estrategias para combatir los conflictos en el lugar de trabajo*. Barcelona, Random House Mondadori, 2003.

Garrido, V., *El psicópata: un camaleón en la sociedad actual*. Alzira-Algar, 2001.

González de Rivera, J. L., *El maltrato psicológico. Cómo defenderse del mobbing y otras formas de acoso*. Madrid, Espasa Calpe, 2002.

González Ramírez, J. F., *Mobbing. Acoso psicológico en el trabajo*. Madrid, Dastin Export, 2003.

Hirigoyen, M.-F., *El acoso moral. El maltrato psicológico en la vida cotidiana*, Barcelona, Paidós, 1999.

—, *El acoso moral en el trabajo. Distinguir lo verdadero de lo falso*. Barcelona, Paidós, 2001.

James, J., *El lenguaje corporal en el trabajo*. Barcelona, Oniro, 2002.

—, *El lenguaje corporal*. Barcelona, Paidós, 2003.

Lloyd, K., *Sea el jefe que sus empleados merecen*. Barcelona, Gestión 2000, 2002.

López Cabarcos, Mª Á. y P. Vázquez Rodríguez, *MOBBING. Cómo prevenir, identificar y solucionar el Acoso Psicológico en el Trabajo*. Madrid, Pirámide, 2003.

Marino, M., J. L. Dolz y otros, *El hostigamiento psíquico laboral. Mobbing*. Zaragoza, Egido, 2002.

Marshall, L., *Libérate del estrés*. Barcelona, Robinbook, 2004.

Martos Rubio, A., *¡No puedo más! Las mil caras del maltrato psicológico*. Madrid, McGraw-Hill, 2003.

McKay, M., M. Davis y P. Fanning, *Técnicas cognitivas para el tratamiento del estrés*. Barcelona, Martínez Roca, 1985.

Mediavilla, G., *¿Por qué la han tomado conmigo?* Barcelona, Random House Mondadori, 2003.

Mingote, J. C. y F. Pérez Corral, *El estrés del médico. Manual de autoayuda*, Madrid, Díez de Santos, 1999 (contiene un CD con sesión de relajación).

Nazara-aga, I., *Los manipuladores. Están entre nosotros. Cómo reconocerlos y desarmarlos*. Barcelona, Ediciones B, 2002.

Pease, A., *El lenguaje del cuerpo*. Barcelona, Paidós, 1988.

—, *El lenguaje corporal*, Barcelona, Paidós, 2003.

Pérez Bilbao, J., C. Nogareda Cuixart, F. Martín Daza, y T. Sancho Figueroa, *Mobbing. Violencia física y acoso sexual*. Madrid, Instituto Nacional de Seguridad e Higiene en el Trabajo, 2001.

Piñuel y Zabala, I., *Mobbing. Manual de autoayuda. Claves para reconocer y superar el acoso psicológico en el trabajo*. Buenos Aires, Aguilar, 2003.

Piñuel y Zabala, I., *Mobbing. Cómo sobrevivir al acoso psicológico en el trabajo*. Santander, Sal Terrae, 2001.

Rivas Sánchez, L. J., *Mobbing. Terrorismo en el trabajo*. Madrid, Entrelíneas Editores, 2003.

Rodríguez, C., *Mobbing. Atropellando en el lugar de trabajo*. Zaragoza, UGT Aragón, 2003.

Rodríguez, N., *Mobbing: Vencer el acoso moral*. Barcelona, Planeta, 2002.

Schallebenberg, F., «*¡Te ha tocado!*» *Mobbing entre alumnos*. Barcelona, Ediciones B, 2004.

Secretaría de salud laboral de CC.OO.-Madrid, *Acoso psicológico en el trabajo (mobbing)*. Madrid, Ediciones GPS, 2003.

Vázquez, Mª I., *Técnicas de relajación y respiración*. Madrid, Síntesis, 2001.

Velázquez Fernández, M., *Mobbing. Violencia física y estrés en el trabajo*. Barcelona, Gestión 2000, 2004.

VV.AA., *Trabajemos contra el estrés* (Ponencias y comunicaciones de la «Semana de la Salud», celebrada en Zaragoza del 20 al 24 de enero de 2003). Zaragoza, Gobierno de Aragón, 2003.

VV.AA., *Legislación social básica*. Madrid, Civitas, 2003.

VV.AA., *Código Penal*. Madrid, Tecnos, 9ª edición, 2004.

VV.AA., *Mobbing. Acoso psicológico en el trabajo*. Instituto Riojano de Salud Laboral y Colegio de Psicólogos de La Rioja, 2002 (en la página web del Gobierno de La Rioja. Instituto Riojano de Salud Laboral [ISRAL] en formato pdf).

Woods, M., *Psicología de la Dirección*. Barcelona, Plaza & Janés, 1990.

Literatura novelada

Bandrés Sánchez-Cruzat, C., *Danza de máscaras*, Madrid, Huerga & Fierro, 2004.

Millás, J. J., *Hay algo que no es como me dicen: el caso de Nevenka Fernández contra la realidad*. Madrid, Aguilar, 2004.

Salisachs, M., *El último laberinto*. Barcelona, Planeta, 2004.

Unamuno, M. de, *Abel Sánchez. Una historia de pasión*. Madrid, Espasa-Calpe, 15ª edición, 1980.

Películas

Mann, M., *El dilema*. Estados Unidos, 1999.
Cukor, G., *Luz que agoniza*. Estados Unidos, 1944.
Levinson, B., *Acoso*. Estados Unidos, 1994.

```
SP
658.473 B744

Bosqued Lorente, Marisa.
Mobbing : como prevenir y
superar el acoso psicologico
Central World Lang CIRC
07/06
```